JN000426

長持ち!

忙しい人のための

冷凍保存のつくりおき

島本美由紀

成美堂出版

おいしく作ってしっかり保存！

冷凍保存の基本ルール

おいしさや栄養バランスにこだわりたい日々の食事。

でも、毎日だからこそ、なかなか時間が取れなかったり、面倒だと感じてしまったり……。

そんなときこそ冷凍保存のつくりおきが便利！

週末など時間に余裕があるときにまとめて冷凍しておけば、

忙しいときでも解凍、加熱するだけで簡単においしい食事が完成。

1カ月ほど保存でき、冷蔵保存のように数日以内に食べ切る必要がないので、

同じメニューが続く心配はありません。

主菜、副菜、汁物など幅広く冷凍しておけば、組み合わせ次第で食事のレパートリーは増え、

飽きずに食べられます。

生活を充実させるためにも、健康のためにも、そして節約のためにも、

上手に冷凍保存のつくりおきを活用しましょう！

冷凍保存にはこんなメリットも！

まとめ作りで食費節約

1〜2人分だけちょこっと作ると、食材が中途半端に余ってしまうことも……。まとめて作れば食材を使い切ることができて食費の節約につながります。何度も作るより、まとめて作るほうが光熱費の節約にもなりますよ！

品数を増やせるから栄養バランスが整う

主菜、副菜、汁物などまとめて作って冷凍保存しておけば、解凍、加熱するだけで簡単に品数が増やせ、栄養バランスも整いやすくなります。数日以内に食べ切る必要もなく、組み合わせ次第でレパートリーが増やせます。

週末に作れば平日の時短に！

忙しい平日は、食事を作る時間も惜しいもの。週末の食事を作る際、少し多めに作って冷凍保存しておけば、平日は解凍、加熱だけでOK。保存期間が長いので、メニューに困ることもなく、短時間でおいしい食事が完成します。

1カ月もおいしさ長持ち！

本書で紹介するレシピは、基本的に冷凍室で約1カ月保存が可能。しかも、1カ月以内ならちゃんとおいしいレシピです。冷凍保存を上手に活用することで、レパートリーが増え、和洋中、毎日さまざまな料理が楽しめます。

ルール1 冷凍保存・基本の3カ条

冷凍保存をする際、基本的には普段通りに調理して冷凍すればいいのですが、安全においしく保存するために必要な基本の3カ条を覚えておきましょう。新鮮なもので調理すること、道具を清潔にしておくことは、栄養価を落とさず、菌の繁殖を防ぐための基本なので、これらは普段、料理するときにも心がけておくといいですよ。また、おかずは冷ましてから冷凍することでよりおいしく保存することができます。

1 新鮮なもので調理する

食材は買ってきたその日、または翌日くらいまでに調理しましょう。時間が経つと肉や魚の臭みが出る、食感が悪くなる、栄養価が落ちるといったことも。おいしく栄養を摂るために、新鮮なもので調理することが大切です。

2 道具は清潔に!

冷凍中は、菌は繁殖しにくいのですが、調理してから冷ます過程、また解凍中、解凍後に菌が発生しやすくなります。調理から解凍、加熱時も含め、保存容器や器だけでなく、箸やトングなども清潔なものを使いましょう。

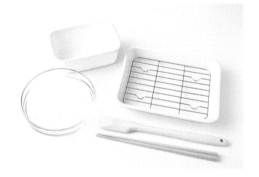

3 おかずは冷ましてから冷凍する

加熱調理したものは、粗熱がとれないまま保存容器やラップで密閉すると水滴がついてしまいます。すると内側に水分が溜まって解凍したときにベタつくことがあるので、おかずは粗熱をとってから容器に入れるかラップで包んで。ただし、ごはんは炊きたてを冷凍するのがおすすめ。ごはんの蒸気で乾燥を防ぐことができ、解凍後もおいしく食べられます。

ルール2 道具をそろえて簡単＆おいしく保存しよう！

まずは、冷凍保存に必要な道具をそろえましょう。保存容器や保存袋には冷凍保存ができないものもあるので、必ず購入時や冷凍前に確認を。冷凍には耐冷温度が－20度以下のものを選ぶと安心です。また、そのまま電子レンジで解凍、加熱する場合は、必ず耐熱温度が110度以上のものであるか確認しましょう。プラスチック保存容器の場合、ふたは電子レンジNGというものもあるので注意が必要です。

そろえておきたい道具

ホーローの保存容器

においや色が移りにくく、そのまま冷凍可能なホーローの保存容器。直接、火にかけることができますが、電子レンジには使えないので要注意。電子レンジで解凍、加熱する際は、耐熱容器などに移して。大きいものより1食分など小分けにできる小さいサイズが便利。

プラスチックの保存容器

耐冷、耐熱仕様のものを選べば、冷凍も電子レンジでの解凍、加熱もそのままできるのがうれしいポイント。ただし、においや色が移りやすいので、移りそうなものは内側にラップを敷くなどの工夫を。比較的安価なので大小サイズをそろえておくのがおすすめです。

冷凍用保存袋

空気を抜いて密閉でき、煮汁やマリネ液ごと保存できます。ジッパー付きの保存袋のなかでも、耐冷温度が－20度以下の冷凍対応のものを選んで。サイズはSやMが使いやすいです。耐熱の保存袋は少ないので、電子レンジで解凍、加熱する際は耐熱容器に移しましょう。

ラップ

揚げ物やおにぎり、サンドイッチなど汁けのないものを1食分ずつ小分けに包む際に便利。サイズも30cmくらいの大サイズと15〜20cmの小サイズを用意しておくと、幅広い料理に使えます。ラップで包んだあと、さらに冷凍用保存袋に入れるとおいしさが長持ちします。

アルミホイル

ラップよりも密閉性が高いので、においがあるものや酸化しやすいものはラップよりアルミホイルに包んでから冷凍用保存袋に入れるのがおすすめ。おいしさをより長く保つことができます。また、トレイのようにすれば下記の金属製のバットと同様の使い方ができます。

あると便利！な道具

トレイ&網

揚げ物やフレンチトーストなどを冷ます際に便利なトレイ&網。トレイの底と網の間にすき間があるため、冷めやすく、ベタつかないので、カリッとした食感を残しながら、早く冷ますことができます。トレイは調理にも使えるので用意しておくと重宝します。

金属製のバット

冷蔵庫に急速冷凍ルームがあるならそこに入れれば○Kですが、ない場合はアルミなど金属製のバットで代用可能。事前に冷凍室に金属製のバットを入れ、冷凍したいものを入れた保存容器や保存袋を、バットの上に置くだけ。早く凍らせたほうがよりおいしく保存できます。

キッチンペーパー

調理中や調理後、余分な水分や揚げ物の油を取る際にキッチンペーパーがあると便利。余分な水分が残っていると、解凍したときにベタつきやすく、また油が多いと酸化しやすくなるので、キッチンペーパーでふき取って。このちょっとした手間がおいしさの秘訣です。

ルール3 料理によって 保存方法を使い分け

煮物など汁けの多いもの、揚げ物など油分があるもの、ソースや汁物etc…料理によって水分や油の量は違います。冷凍保存する際は、それぞれのおいしさを保てるよう、料理に合った保存方法を選びましょう。主な保存方法は、ホーローやプラスチックなどの保存容器、冷凍用保存袋、ラップ（またはアルミホイル）＋冷凍用保存袋。各保存方法の特徴がわかると冷凍保存レシピのレパートリーが増えても応用できます。

主な保存方法

保存容器

ホーローやプラスチックの保存容器は、汁けの多い煮物や汁物におすすめ。ホーローはにおい移りにくいですが、電子レンジは不可。プラスチックは電子レンジOKのものが多いです。

こんな料理に！

しょうが焼き（18ページ）／さばのみそ煮（28ページ）／スープ（118ページ〜）／みそ汁（121ページ〜）／ソース類（124ページ〜）etc.

冷凍用保存袋

煮汁やソースなどを汁ごと冷凍したいものはジッパー付きの冷凍用保存袋がおすすめ。汁ごと入れることで具材の乾燥を防ぐだけでなく、味を染み込ませる効果も期待できます。

こんな料理に！

酢豚（52ページ）／マッシュポテト（90ページ）／パプリカのピクルスなどマリネや酢の物（92ページ〜）etc.

ラップ＋冷凍用保存袋

揚げ物、焼き物など汁けのない料理は、1食分ずつ小分けにしてラップで包み、ジッパー付きの冷凍用保存袋に入れましょう。保存中の乾燥を防ぎ、1食分ずつ解凍できるので便利です。

こんな料理に！

から揚げ（14ページ）／厚焼き卵（68ページ）／ひじきの煮物（70ページ）／サンドイッチ（98ページ〜）／おにぎり（114ページ〜）etc.

特ににおいや酸化が気になるものは……

アルミホイル＋冷凍用保存袋

汁けがなく、特ににおいや酸化が気になるものはラップの代わりにアルミホイルに包んでから冷凍用保存袋へ。サンドイッチや揚げ物などにおすすめです。ラップより密閉性が高いのでにおい移りや酸化を防ぐことができます。また、水分を保って乾燥を防ぐ効果も期待できます。

ルール4 プラスαのテクニックで
さらにおいしく！

基本は「調理する⇒冷ます⇒冷凍する」の3ステップですが、冷凍時のひと手間でさらに
おいしさを保てるようにできます。大切なのは、早く冷凍すること。早く冷凍すると食
材の細胞が壊れにくいのでよりおいしく保存することができます。そして、冷凍後は1
カ月以内に食べ切ること。せっかく作ったのに食べ忘れた！なんてもったいないことに
ならないように、しっかり管理しましょう。

テクニック 1

薄く平らに詰める＆
金属製のバットで急速冷凍

容器や袋に入れる際は、早
く冷凍するために薄く平ら
にして入れましょう。また、
5ページで紹介したように
金属製のバットにのせて冷
凍室に入れるとより早く冷
凍することができます。

テクニック 2

保存容器に入れるなら
8分目まで

保存容器を使う場合、凍る
と中身が膨張するので保存
容器の8分目までしか入れ
ないようにしましょう。特
にスープやみそ汁、ソース
類など汁けの多いものは膨
張しやすいので注意して。

テクニック 3

保存袋は冷凍室に立てる

冷凍用保存袋を積み上げて
しまうと下のものがわかり
にくくなるので立てて収納。
100円ショップなどで買え
る金属製のブックスタンド
を使うと整理しやすく、保
冷効果もアップ！

さらに！

冷凍室は9割以上埋める

空きスペースが多いと、そ
の部分を冷やそうとして電
気代がかさむ原因に。冷凍
室はたくさん詰まっていた
ほうが、冷気が逃げにくく、
霜がつきにくいのでおいし
さが長持ちします。

テクニック 4

日付や中身をマスキングテープに書く

こまめに食べるのなら問題ないのです
が、「いつ作ったかな？」「これはなん
だっけ？」とならないよう、日付や中
身を書いておくのがおすすめ。100円
ショップなどで買えるマスキングテー
プに書いて貼っておくとわかりやすく、
簡単にはがせて便利です。

さらに！

月に1度、冷凍室の
見直しデーを作る

本書で紹介しているレシピの冷凍の保存期
間の目安は1カ月。月末や月初など毎月、
日にちを決めて見直しデーを設け、いつ冷
凍したか、どの順番で食べたほうがいいか
を確認すると食べ忘れ防止につながります。

7

ルール5 おいしく安全に 解凍・加熱する

冷凍保存した料理をおいしく食べるには、解凍・加熱方法も大切です。解凍するときはゆっくり時間をかけたほうがおいしいのですが、長時間、常温で放置するのは食中毒の危険が高まるので注意が必要。特に気温が高い夏は常温解凍を避け、冷蔵室か電子レンジで解凍しましょう。プラスチックの保存容器を電子レンジで加熱する際は、破裂しないようふたをずらすか、ふたを取ってふんわりラップをかけて。

主な温め方

電子レンジで解凍・加熱

冷凍の状態で電子レンジで解凍するだけ、またはそのまま加熱まで行います。煮物や汁けのあるおかずなどにおすすめ。ホーローの容器など電子レンジ不可の容器のものは耐熱容器または陶器の器などに移してから電子レンジへ。

▼ 向いているレシピ
鶏むね塩こうじ焼き(16ページ)
筑前煮(66ページ)
小松菜と油揚げの煮びたし
(74ページ)
ホットケーキ(109ページ) etc.

電子レンジで半解凍⇒トースターで加熱

電子レンジで半解凍後、トースターで完全に解凍、加熱まで行います。揚げ物など外側をパリッと仕上げたいものにおすすめの方法です。ピザトーストは、具材をのせて焼く前に冷凍するので、この方法で加熱して仕上げます。

▼ 向いているレシピ
から揚げ(14ページ)
とんかつ(20ページ)
餃子(56ページ)
チヂミ(60ページ)
ピザトースト(112ページ〜) etc.

常温・冷蔵室解凍

副菜など温めなくてもおいしいものは、常温または冷蔵室で解凍するだけ。電子レンジ解凍もOKです。サンドイッチも常温で解凍できるので、お弁当として朝、凍ったまま持ち出せば、常温で解凍され昼ごろには食べごろに。

▼ 向いているレシピ
鮭の南蛮漬け(30ページ)
切り干し大根の煮物(72ページ)
ほうれん草の黒ごま和え(77ページ)
サンドイッチ(98ページ〜) etc.

解凍・加熱時の注意事項

解凍したものを常温で放置しない

常温で解凍可能なものもありますが、常温のまま長時間放置すると菌が繁殖し、食中毒を引き起こす可能性があります。特に気温が30度を超えるような夏は注意が必要。解凍したらすぐに食べるか冷蔵室へ。凍ったままお弁当に入れて持っていく場合も5時間以内に食べること。

電子レンジ使用時は耐熱容器 or 陶器の器で

電子レンジで加熱する際は耐熱容器や陶器の器を使うこと。木製のトレイ、また陶器でも金属の模様などが入っているものは電子レンジで加熱できないので注意しましょう。

 さらに！
ホーローの保存容器は電子レンジで使用しない

ホーローはそのまま冷凍でき、火にもかけられ、においや色移りもしにくいので便利ですが、電子レンジはNG。軽く解凍したあと、耐熱容器や陶器の器に移してから電子レンジへ。

 さらに！
冷凍用保存袋は電子レンジ対応か確認を

冷凍用保存袋にも耐熱温度が高く、電子レンジ対応のものはありますが、多くは電子レンジ不可。保存袋のまま電子レンジで加熱したい場合は、必ず確認してから購入しましょう。

保存容器はふたをずらして or ふんわりラップで電子レンジへ

プラスチックの保存容器を電子レンジで加熱する際は、ふたが耐熱かどうか確認を。耐熱の場合でも、破裂を防ぐためふたを少しずらして電子レンジへ。ふたを使わない場合は、ラップをふんわりかけるとGOOD。

Contents

part 4

アイデア次第でレシピが増える！
ソース＆アレンジレシピ

この本の表記のルール＆注意点

●計量単位は大さじ1 = 15㎖、小さじ1 = 5㎖です。

●電子レンジの加熱時間は出力600W、トースターは1000Wを基準としています。機種によって仕上がりに差が出ることがあるので、様子を見ながら調整してください。また、ご使用の機器の出力に合わせて調整してください。

●野菜類は、皮をむくなどの下処理を済ませてからの手順を説明しています。

●本書のレシピは、冷凍（冷蔵）保存前までの調理方法を紹介しています。解凍・加熱後はお好みで調味料などをかけて食べてください。

●【保存期間】は、冷凍および冷蔵の保存期間の目安を表記しています。期間内でも悪くなっていないか、食べる前に必ず確認してください。

●【保存方法】とは、冷凍で保存する際に推奨する容器や袋を明記しています。

●保存に使用する容器や袋は、耐冷、耐熱など使用条件を確認のうえ使用してください。

●【解凍・加熱方法】は、解凍および加熱する際に推奨する方法を明記しています。

●アルミホイルは電子レンジには使えません。電子レンジで解凍、加熱する際はラップで包み直すか、耐熱容器などに移してください。

MAIN DISH

Part1

毎日のごはんが決まる!
主菜のつくりおき

主菜は飽きないようにこだわって作りたいけれど、
毎日のこととなると簡単に作れるものに偏ってしまいがち。
でも、実は揚げ物も煮物も炒め物も冷凍保存が可能!
時間のかかる料理でも週末につくりおきしておけば、平日は解凍、加熱するだけ。
平日の時短になるだけでなく、レパートリーが増えるので
献立に悩むことも少なくなり、日々の食事が充実しますよ。

保存期間	保存方法	解凍・加熱方法
冷凍 ▶ 1カ月 冷蔵 ▶ 3〜4日	ラップ+ 冷凍用保存袋	電子レンジで半解凍+トースター

recipe #01

から揚げ

材料（2人分）

鶏もも肉……1枚

A｜しょうゆ・酒……各大さじ1
　｜塩……小さじ1/3
　｜にんにく（すりおろし）
　｜　……1/2片分
　｜しょうが（すりおろし）
　｜　……1/2片分

ごま油 …… 小さじ1

片栗粉 …… 適量

1 鶏肉はひと口大（8等分）に切る。

2 ボウルに1とAを入れてよく混ぜ、ごま油を加えてひと混ぜしたら、冷蔵室で20分ほど漬ける。

3 汁けを軽く切って片栗粉をまぶし、180度の油（分量外）で3分ほど揚げる。

冷凍＆解凍ポイント

食べやすい量ごとに小分けにしてラップで包んでから、冷凍用の保存袋に入れます。ラップで包むことで肉や油の酸化を防ぎ、おいしさをより長くキープできます。

PART1　毎日のごはんが決まる！　主菜のつくりおき

recipe #02
鶏むね塩こうじ焼き

材料（2人分）

鶏むね肉（皮なし）……1枚（250g）
塩こうじ……大さじ1と1/2
片栗粉……大さじ1
サラダ油……大さじ1

1 鶏むね肉をひと口大のそぎ切りにしたらボウルに入れ、塩こうじを加えてよく混ぜ、冷蔵室で1時間ほど漬ける。

2 1に片栗粉を加えて混ぜる。

3 フライパンにサラダ油を入れて中火で熱し、2を広げて並べ、ふたをして中火のまま2分ほど蒸し焼きにする。

4 焼き色がついたらひっくり返してふたをし、さらに2分ほど蒸し焼きにする。

冷凍＆解凍ポイント

食べやすい量ごとに小分けにしてラップで包んでから、冷凍用保存袋に入れます。冷凍、冷蔵ともに食べる際は、電子レンジで解凍・加熱するだけでOK。

PART1　毎日のごはんが決まる！　主菜のつくりおき

recipe #03

しょうが焼き

材料（2人分）

豚ロース薄切り肉……200g

酒……大さじ1

片栗粉……小さじ1

玉ねぎ……1/2個

サラダ油……大さじ1

A｜ しょうゆ・酒・みりん
　　　……各大さじ1
　　砂糖……小さじ1
　　しょうが汁……大さじ1

1 豚肉は半分に切り、酒と片栗粉をふってもむ。玉ねぎは薄切りにする。

2 フライパンにサラダ油を入れて中火で熱し、**1**の玉ねぎを炒める。

3 玉ねぎがしんなりしたら、**1**の豚肉を広げながら加え、豚肉に火が通ったらAを加えて煮絡める。

冷凍＆解凍ポイント

タレごと保存容器、または冷凍用保存袋に入れて。ホーロー容器で保存した場合、軽く解凍してから耐熱容器に移し、電子レンジへ。

PART1 ―― 毎日のごはんが決まる！ 主菜のつくりおき

19

recipe #04

とんかつ

材料（2人分）

豚ロース厚切り肉……2枚

塩・こしょう……各少々

A 溶き卵……1個分
　 小麦粉……大さじ4
　 水……大さじ1

パン粉……適量

1　豚肉は脂身と赤身の間の境目に数カ所切り込みを入れて筋を切り、塩・こしょうをふる。

2　Aをよく混ぜたら1をくぐらせ、パン粉をまぶす。

3　170度の油（分量外）できつね色になるまで4〜5分揚げる。食べる際にお好みでソースなど（分量外）をかけて食べる。

冷凍&解凍ポイント

冷凍前にカットすると乾燥の原因に。肉の乾燥を防ぐためにも、とんかつは切らずに1枚ずつラップで包んでから、冷凍用保存袋に入れて保存しましょう。

PART1　毎日のごはんが決まる！ 主菜のつくりおき

保存期間
冷凍 ▶ 1カ月
冷蔵 ▶ 5〜7日

保存方法
保存容器 or
冷凍用保存袋

解凍・加熱方法
電子レンジ

recipe #05

煮豚

材料(作りやすい分量)

豚バラブロック肉……400g

サラダ油……小さじ1

A | 水……200㎖
しょうゆ……100㎖
酒……50㎖
砂糖……50g
にんにく(縦半分に切る)
……2片分
しょうが(薄切り)……1片分

1 豚肉は3〜4等分に切る。

2 鍋にサラダ油を入れて中火で熱し、1を入れて表面全体を焼く。

3 キッチンペーパーで鍋の中の余分な油をふき取り、Aを加えて沸騰したら、落しぶたをして中火のまま20分ほど煮る。

4 火を止め、そのまま20分ほどおいて味を染み込ませる。

冷凍 & 解凍ポイント

煮汁ごと保存容器、または冷凍用保存袋に入れて。ホーロー容器で保存した場合、軽く解凍してから耐熱容器に移し、電子レンジで加熱を。

PART1 | 毎日のごはんが決まる! 主菜のつくりおき

保存期間	保存方法	解凍・加熱方法
冷凍▶1カ月 冷蔵▶3〜4日	ラップ+ 冷凍用保存袋	電子レンジ

recipe #06

野菜の肉巻きソテー

材料（2人分）

豚ロース薄切り肉……8枚

いんげん……8本

にんじん……1/2本

えのき……50g

塩・こしょう……各少々

小麦粉……少々

サラダ油……大さじ1

焼き肉のタレ……大さじ2

1 　いんげんは長さを半分に切り、にんじんは6〜7cm長さの細切りにし、どちらもかために下ゆでしておく。えのきは根元を切り落とす。

2 　豚肉を1枚ずつ広げ、塩・こしょうをふり、**1**を等分にのせて巻き、小麦粉を薄くまぶす。

3 　フライパンにサラダ油を入れて中火で熱し、**2**を巻き終わりを下にして入れて焼く。

4 　表面に焼き色がついたらふたをして2分ほど蒸し焼きにし、焼き肉のタレを加えて煮絡める。

冷凍＆解凍ポイント

食べやすい量ごとにラップで包んでから冷凍用保存袋に入れて保存。お弁当にもぴったりなので、1回分ずつ小分けにして保存するのもおすすめです。

recipe #07

鶏のつくね

26

保存期間	保存方法	解凍・加熱方法
冷凍 ▶ 1カ月 冷蔵 ▶ 3〜4日	ラップ+ 冷凍用保存袋	電子レンジ

材料（2人分）

鶏ひき肉……200g

A 溶き卵……1/2個分

　 酒・片栗粉……各小さじ1

　 塩・こしょう……各少々

青じそ……8枚

サラダ油……大さじ1

B しょうゆ・みりん・酒
　 　……各大さじ1

　 砂糖……大さじ1/2

冷凍＆解凍ポイント

食べやすい量ごとにラップで包んでから冷凍用保存袋に入れて保存。味がしっかり染み込むよう、ラップで包む前にタレをしっかり絡めましょう。

1 ボウルにひき肉とAを入れ、粘りが出るまでよく混ぜる。

2 8等分にして小判形に整え、青じそで挟む。

3 フライパンにサラダ油を入れて中火で熱し、**2**を入れて焼く。

4 焼き色がついたらふたをして2〜3分蒸し焼きにし、Bを加えて煮絡める。

PART1　毎日のごはんが決まる！ 主菜のつくりおき

さばのみそ煮

材料（2人分）

さばの切り身……2枚

A｜水……200㎖
　｜酒……大さじ3
　｜しょうゆ……大さじ1
　｜みりん……大さじ1
　｜砂糖……大さじ1

しょうが（薄切り）……1/2片分
みそ……大さじ1

1　さばは皮目に十字の切り込みを入れる。

2　フライパンにAを入れて煮立て、さばとしょうがを入れて煮る。

3　スプーンで煮汁をすくってさばにかけ、落しぶたをして弱火で5分ほど煮る。

4　みそを溶き入れ、落しぶたをしてさらに5分ほど煮る。

冷凍＆解凍ポイント

煮汁やしょうがもすべて保存容器、または冷凍用保存袋に入れて。ホーロー容器で保存した場合、軽く解凍してから耐熱容器に移し、電子レンジで加熱を。

PART1 | 毎日のごはんが決まる！ 主菜のつくりおき

recipe #09

鮭の南蛮漬け

材料（2人分）

鮭の切り身……2切れ

小麦粉……適量

玉ねぎ……1/4個

セロリ……1/2本

にんじん……1/4本

A｜酢……大さじ4

しょうゆ……大さじ2

砂糖……大さじ2

水……大さじ2

赤唐辛子(小口切り)

……1本分

1 鮭は3〜4cm幅に切り、小麦粉をまぶす。

2 玉ねぎは薄切り、セロリは筋を取ってせん切り、にんじんもせん切りにし、よく混ぜ合わせたAと合わせる。

3 フライパンに1〜2cm深さのサラダ油（分量外）を入れて中火で熱し、**1**を入れて2〜3分揚げ焼きにする。

4 熱いうちに**2**に加えて混ぜ、味が染み込むまで30分ほど漬ける。

冷凍&解凍ポイント

汁ごと保存容器、または冷凍用保存袋へ。加熱すると酢が飛んで酸味が弱くなるので、加熱しすぎに注意して。解凍だけ(加熱なし)でもおいしく食べられます。

PART1 ｜ 毎日のごはんが決まる！ 主菜のつくりおき

recipe # **10**

ツナ大根

材料（作りやすい分量）

大根……400g

A 水……100mℓ
しょうゆ……大さじ1と1/2
みりん……大さじ1
砂糖……大さじ1

ツナ缶……1缶（70g）
しょうが（せん切り）……1/2片分

冷凍＆解凍ポイント

煮汁ごと保存容器、または冷凍用保存袋に入れて。加熱する際、加熱しすぎると味が濃くなることがあるので、様子を見ながら温めて。

1 大根は1cm厚さのいちょう切りにする。

2 鍋に1を入れ、かぶるくらいの米のとぎ汁（分量外）を注ぎ、中火で5分ほど下ゆでしたらざるにあげて水洗いする。

3 鍋に2とA、ツナを缶汁ごと加えて中火にかけ、煮汁が少なくなるまで煮る。

4 しょうがを加えてひと混ぜする。

PART1 毎日のごはんが決まる！ 主菜のつくりおき

recipe # **11**

にんじんとツナの卵炒め(にんじんシリシリ)

材料 (作りやすい分量)

にんじん……1本
ごま油……小さじ2
ツナ缶……1缶(70g)

A │ 砂糖・しょうゆ・酒……各小さじ1
　 │ 顆粒和風だし……小さじ1/4

卵……2個

1　にんじんはせん切りにする。

2　フライパンにごま油を入れて中火で熱し、**1**を入れて2分ほど炒める。

3　しんなりしたら、ツナを缶汁ごと加えて炒め合わせ、Aで調味する。

4　卵を溶いて加え、火が通るまで炒め合わせる。

冷凍&解凍ポイント

食べやすい量ごとにラップで包んでから冷凍用保存袋に入れて保存。お弁当にもぴったりなので、1回分ずつに小分けして保存するのもおすすめです。

保存期間	保存方法	解凍・加熱方法
冷凍 ▶ 1カ月 冷蔵 ▶ 3〜4日	ラップ+ 冷凍用保存袋	電子レンジ

recipe # **12**

おでん

保存期間
冷凍 ▶ 1カ月
冷蔵 ▶ 3〜4日

保存方法
保存容器 or
冷凍用保存袋

解凍・加熱方法
電子レンジ

材料（2人分）

大根……4cm
こんにゃく……1/2枚
焼きちくわ……1本
餅巾着……2個
さつま揚げ(小)……6枚

A｜めんつゆ（3倍濃縮）……100㎖
　｜水……900㎖

1 大根は2cm厚さの半月切りにし、米のとぎ汁（分量外）で15分下ゆでする。こんにゃくは三角に切って下ゆでし、焼きちくわは長さを半分に切り、さらに斜め半分に切る。

2 鍋に**1**と餅巾着、さつまあげ、Aを入れて中火にかけ、沸騰したら弱火にして30分ほど煮込む。

冷凍＆解凍ポイント

汁ごと保存容器や冷凍用保存袋に入れて保存。汁ごと保存することで具材の乾燥を防ぐことができるので、冷凍してもおいしく食べられます。

PART1　毎日のごはんが決まる！ 主菜のつくりおき

recipe # 13

ハンバーグ

PART1 毎日のごはんが決まる！ 主菜のつくりおき

材料（2人分）

合いびき肉……200g

玉ねぎ……1/2個

バター……10g

A | 溶き卵……1/2個分
　| パン粉……大さじ3
　| 牛乳……大さじ1
　| 塩……小さじ1/4

サラダ油……小さじ2

1 玉ねぎはみじん切りにして耐熱ボウルに入れ、バターをのせ、ふんわりとラップをかける。電子レンジで4分加熱したら粗熱をとる。

2 別のボウルにひき肉を入れ、**1**とAを加えてよく練り混ぜ、2等分にして小判形に整える。

3 フライパンにサラダ油を入れ中火で熱し、**2**を並べて2分ほど焼く。焼き色がついたら上下を返し、ふたをして弱めの中火で5分蒸し焼きにする。

冷凍&解凍ポイント

1個ずつラップで包み、冷凍用保存袋に入れて保存。食べるときはラップのまま電子レンジで加熱するので、ラップはふんわりと包んでおくとGOOD！

ロールキャベツ

recipe #14

材料（2人分）

キャベツ……4枚
合いびき肉……200g
玉ねぎ……1/4個
にんじん……30g

A　溶き卵……1/2個分
　　パン粉……大さじ3
　　塩……小さじ1/4

B　水……400㎖
　　顆粒コンソメ
　　　……小さじ1
　　ローリエ……1枚

1　キャベツは厚みが均一になるように芯をそぎ落とし、たっぷりの熱湯（分量外）で1分ほどゆでて粗熱をとる。

2　玉ねぎとにんじんはみじん切りにして耐熱ボウルに入れる。ふんわりとラップをかけ、電子レンジで1分加熱し、粗熱をとる。

3　別のボウルにひき肉を入れ、2とAを入れてよく練り混ぜる。

4　4等分にして1で包み、巻き終わりを下にして鍋に入れる。

5　Bを加えて中火にかけ、沸騰したらふたをし、弱火で30分煮る。

冷凍＆解凍ポイント

汁ごと保存容器や冷凍用保存袋に入れることで乾燥を防ぎます。保存容器を使う場合、汁が足りなければラップでおおってからふたをします。

保存期間

冷凍 ▶ 1カ月
冷蔵 ▶ 3〜4日

保存方法

保存容器 or
冷凍用保存袋

解凍・
加熱方法

電子レンジ

recipe # 15

ポークチャップ

材料（2人分）

豚こま切れ肉……200g

玉ねぎ……1/2個

サラダ油……大さじ1/2

A｜ケチャップ……大さじ3
　｜ウスターソース……大さじ1
　｜酒……大さじ1
　｜しょうゆ……小さじ2
　｜塩・こしょう……各少々

パセリ（みじん切り）……適量

1 玉ねぎは薄切りにし、豚肉はひと口大に切る。

2 フライパンにサラダ油を入れて中火で熱し、1の玉ねぎを加えて炒める。玉ねぎがしんなりしたら1の豚肉を加えて炒め合わせる。

3 肉の色が変わったら、よく混ぜ合わせたAを加えて炒め合わせ、パセリをふる。

冷凍＆解凍ポイント

保存容器または冷凍用保存袋に入れて保存。パセリは冷凍前でも、食べる直前にふってもどちらでも問題ありませんが、食べる直前のほうがきれいに仕上がります。

PART1 ｜ 毎日のごはんが決まる！ 主菜のつくりおき

recipe # 16

鶏むね肉のピカタ

材料（2人分）

鶏むね肉（皮なし）……1枚

塩・こしょう……各少々

小麦粉……大さじ1

サラダ油……大さじ2

A | 溶き卵……1個分
　 | 粉チーズ……大さじ2

ドライパセリ……適量

1 鶏肉は1cm厚さのそぎ切りにして、塩・こしょうをふり、小麦粉を薄くまぶす。

2 フライパンにサラダ油を入れ弱火で熱し、よく混ぜ合わせたAに**1**をくぐらせてから並べ入れて両面焼き、ドライパセリをふる。食べる際にお好みでケチャップ（分量外）をかける。

冷凍&解凍ポイント

食べやすい量ごとにラップで包んでから冷凍用保存袋に入れて保存します。加熱しすぎるとかたくなるので、温める際は加熱時間に注意。

PART1 毎日のごはんが決まる！ 主菜のつくりおき

43

保存期間	保存方法	解凍·加熱方法
冷凍 ▶ 1カ月 冷蔵 ▶ 3日	保存容器 or 冷凍用保存袋	電子レンジ

recipe # **17**

鮭ときのこのクリーム煮

材料（2人分）

鮭の切り身……2切れ

玉ねぎ……1/4個

しめじ……50g

エリンギ……2本

バター……20g

小麦粉……大さじ1と1/2

A｜牛乳……200㎖
　｜顆粒コンソメ……小さじ1

1 鮭は4等分に切り、玉ねぎは薄切りにする。しめじは根元を切ってほぐし、エリンギは長さを半分に切ってさらに薄切りにする。

2 フライパンにバターを入れ中火で熱し、1を入れて炒める。

3 鮭に焼き色がついたら小麦粉を全体にふり入れ、粉っぽさがなくなるまで1分ほど炒める。

4 混ぜ合わせたAを少しずつ加えてよく混ぜながらとろみがつくまで4〜5分煮る。

冷凍＆解凍ポイント

ソースごと保存容器、または冷凍用保存袋に入れて保存。ホーロー容器で保存した場合、軽く解凍してから耐熱容器に移し、電子レンジで加熱を。

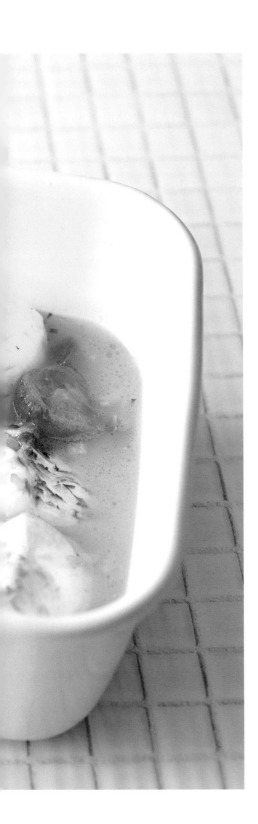

recipe # **18**

アクアパッツア

材料（2人分）

鯛の切り身……2切れ

塩・こしょう……各少々

ミニトマト……10個

オリーブオイル……大さじ1

にんにく（みじん切り）……1片分

冷凍あさり（むき身）……100g

パセリ（みじん切り）……適量

A｜水……150㎖
　｜白ワイン……大さじ2

1　鯛はひと口大に切り、塩・こしょうをふる。ミニトマトは縦半分に切る。

2　フライパンにオリーブオイルとにんにくを入れて中火で熱し、**1**の鯛を皮目から入れて両面焼く。

3　鯛に焼き目がついたら**1**のミニトマト、あさり、Aを加えてふたをし、3分ほど煮込んだらパセリを加えてひと混ぜする。

冷凍＆解凍ポイント

汁ごと保存容器や冷凍用保存袋に入れて保存。汁ごと保存することで具材の乾燥を防ぐことができます。

パセリは食べる直前に加えてもOK。

保存期間

冷凍 ▶ 1カ月
冷蔵 ▶ 3日

保存方法

保存容器 or
冷凍用保存袋

解凍・
加熱方法

電子レンジ

recipe # 19

ガーリックシュリンプ

材料（2人分）

むきエビ……300g

A｜オリーブオイル……大さじ2
　｜白ワイン……大さじ1
　｜にんにく（すりおろし）
　｜　……小さじ1
　｜塩……小さじ1/3
　｜黒こしょう……少々

パセリ（みじん切り）……適量

1 エビは水で洗って、キッチンペーパーで水けをふき取り、背中に切り込みを入れる。背わたがあれば取り除く。

2 ボウルに1とAを入れてよく混ぜ、冷蔵室で30分ほど漬ける。

3 フライパンに2を漬け汁ごと入れて中火にかけ、エビに火が通るまで炒め合わせる。仕上げにパセリをふる。

冷凍＆解凍ポイント

オリーブオイルと白ワインのソースもいっしょに冷凍して。

加熱する際は耐熱容器に移し、ソースごと解凍、加熱し

ましょう。パセリは食べる直前にふってもOKです。

recipe #**20**

マーボーなす

材料（2人分）

豚ひき肉……200g

なす……3本

サラダ油……小さじ2

長ねぎ（みじん切り）……1/2本分

にんにく（みじん切り）……1片分

しょうが（みじん切り）……1片分

A｜水……200㎖

　｜甜麺醤（テンメンジャン）……大さじ1

　｜豆板醤（トウバンジャン）……小さじ2

　｜しょうゆ・砂糖・顆粒鶏がらスープの素・片栗粉……各さじ1

1 なすは乱切りにして、170度の油（分量外）で2分ほど揚げる。

2 別のフライパンにサラダ油、長ねぎ、にんにく、しょうがを入れて中火で熱し、香りが立ったらひき肉を加えて炒める。

3 肉に火が通ったらAを加え、とろみがついたら**1**を加えて混ぜる。

冷凍＆解凍ポイント

保存容器、または冷凍用保存袋へ。プラスチック容器の場合は、ラップを敷いてから入れて。ホーロー容器の場合は、軽く解凍してから耐熱容器に移し、電子レンジへ。

保存期間
冷凍 ▶ 1カ月
冷蔵 ▶ 3〜4日

保存方法
冷凍用保存袋

解凍・加熱方法
電子レンジ

recipe #**21**

酢豚

材料（2人分）

豚ロース厚切り肉……1枚

塩・こしょう……各少々

片栗粉……適量

玉ねぎ……1/2個

ピーマン……2個

パプリカ（赤）……1/4個

サラダ油……大さじ1

A｜ ポン酢……大さじ2
　　 ケチャップ……大さじ2
　　 酒……大さじ1
　　 砂糖……大さじ1

1 豚肉はひと口大に切って塩・こしょうをふり、薄く片栗粉をまぶして170度の油（分量外）で2分ほど揚げる。

2 玉ねぎはひと口大、ピーマンとパプリカはヘタとタネを取って乱切りにする。

3 フライパンにサラダ油を入れて中火で熱し、**1**と**2**を入れ炒め合わせる。

4 野菜に火が通ったらAを加え、とろみがつくまで煮絡める。

冷凍&解凍ポイント

タレごと冷凍用保存袋に入れて保存。保存袋は電子レンジ不可のものが多いので、耐熱容器に移し、ふんわりラップをかけて電子レンジで解凍、加熱しましょう。

保存期間	保存方法	解凍・加熱方法
冷凍 ▶ 1カ月 冷蔵 ▶ 3日	保存容器 or 冷凍用保存袋	電子レンジ

recipe # 22

エビチリ

材料（2人分）

むきエビ……200g

塩・こしょう……各少々

A｜ケチャップ・砂糖・酒・水……各大さじ2
ごま油・片栗粉……各大さじ1/2
顆粒鶏がらスープの素……小さじ1/2
長ねぎ（みじん切り）……10cm分
にんにく（みじん切り）……1片分
しょうが（みじん切り）……1片分

1 エビは背わたを取り除き、水で洗ったらキッチンペーパーで水けをふき取り、塩・こしょうをふる。

2 ボウルにAを入れてよく混ぜ、1を加えてしっかり和える。

3 ふんわりとラップをして電子レンジで3分加熱する。取り出してひと混ぜし、さらに2分加熱する。

冷凍＆解凍ポイント

においや色移りがあるので冷凍用保存袋での冷凍がベター。空気を抜いてしっかり密閉しましょう。保存容器を使用するならラップを敷いてから入れると◎。

recipe #23

餃子

保存期間	保存方法	解凍・加熱方法
冷凍 ▶ 1カ月 冷蔵 ▶ 3日	ラップ+ 冷凍用保存袋	電子レンジ

材料（24個分）

豚ひき肉……150g

キャベツ……100g

ニラ……1/3束

A｜長ねぎ（みじん切り）……1/2本分

　｜にんにく（すりおろし）……1/2片分

　｜しょうが（すりおろし）……1/2片分

　｜ごま油……大さじ1

　｜酒……小さじ2

　｜しょうゆ……小さじ1

　｜顆粒鶏がらスープの素……小さじ2/3

　｜砂糖……小さじ1/3

　｜塩・こしょう……各少々

餃子の皮……24枚

サラダ油……大さじ1

1 キャベツとニラはみじん切りにして塩小さじ1/3（分量外）をふり、10分おいて水けを絞る。

2 ボウルにひき肉とAを入れてよく混ぜ、粘りが出たら1を加えて混ぜ、餃子の皮で包む。

3 フライパンにサラダ油を入れて中火で熱し、2を並べて焼く。

4 焼き色がついたら水50㎖（分量外）を加え、ふたをして5分ほど蒸し焼きにしたら、ふたを取って水分を飛ばす。

冷凍＆解凍ポイント

食べやすい量ごとにラップで包んでから冷凍用保存袋に入れて保存。電子レンジで解凍後、フライパンやトースターで焼いてもおいしいです。

recipe #**24**

ルーローハンの具

材料 (作りやすい分量)

豚バラブロック肉……300g

ごま油……大さじ1/2

にんにく(みじん切り)……1片分

しょうが(みじん切り)……1片分

A｜水……200㎖

　｜酒……100㎖

　｜しょうゆ・砂糖……各大さじ3

　｜酢……大さじ1

　｜八角……2個

1 豚肉は1㎝角に切る。

2 鍋にごま油、にんにく、しょうがを入れて中火で熱し、香りが立ったら**1**を加えて炒める。

3 肉に軽く火が通ったらAを加え、沸騰したらアクを取り、弱めの中火で20分ほど煮る。

冷凍＆解凍ポイント

汁ごと保存容器や冷凍用保存袋に入れて冷凍することで、肉の乾燥を防いでしっとりするだけでなく、煮汁が染み込んでよりおいしく。ごはんにかけて食べると◎。

保存期間
冷凍 ▶ 1カ月
冷蔵 ▶ 3〜4日

保存方法
ラップ+
冷凍用保存袋

解凍・加熱方法
電子レンジ

recipe #25

チヂミ

材料（2人分）

ニラ……1束

にんじん……50g

卵……1個

A｜水……200㎖
　｜小麦粉……100g
　｜片栗粉……大さじ6
　｜顆粒和風だし……小さじ1

ごま油……大さじ2

1 ニラは4cm長さに切り、にんじんはせん切りにする。

2 ボウルに卵を割りほぐし、Aを加えてよく混ぜ、**1**を入れてさらに混ぜる。

3 フライパンにごま油を入れて中火で熱し、**2**を流し入れる。

4 焼き色がついたらひっくり返し、ふたをして2分ほど蒸し焼きにしたら食べやすく切る。

冷凍＆解凍ポイント

厚みがあると温めるときに加熱ムラができるので薄めに焼き、小分けにしてラップで包んでから保存袋へ。電子レンジで解凍後、フライパンで焼いても◎。

recipe #26

牛肉のプルコギ

材料（2人分）

牛切り落とし肉……200g

A｜しょうゆ……大さじ2
　　砂糖……大さじ1
　　ごま油……大さじ1
　　白いりごま……大さじ1
　　にんにく（すりおろし）……1/2片分

玉ねぎ……1/4個
パプリカ（赤・黄）……各1/4個
しめじ……50g
絹さや……10枚

1 ボウルに牛肉とAを入れてよく混ぜ、冷蔵室で20分ほどおく。

2 玉ねぎは薄切り、パプリカはヘタとタネを取って縦に細切り、しめじは根元を切り落としてほぐし、絹さやは筋を取る。

3 1に2を入れて軽く混ぜ合わせたらフライパンに広げて入れ、ふたをして中火にかける。

4 3〜4分蒸し焼きにしてふたを取り、炒め合わせる。

冷凍＆解凍ポイント

タレごと保存容器や冷凍用保存袋に入れて保存します。ホーロー容器で保存した場合は、軽く解凍してから耐熱容器に移し、電子レンジで加熱を。

PART1 ‖ 毎日のごはんが決まる! 主菜のつくりおき

63

recipe #27

ぶりの韓国風照り焼き

材料（2人分）

ぶりの切り身
　……2切れ
小麦粉……適量
しし唐……8本
ごま油……大さじ1

A｜しょうゆ……大さじ1と1/2
　｜酒……大さじ1と1/2
　｜砂糖……小さじ2
　｜にんにく（みじん切り）
　｜　……1/2片分

冷凍&解凍ポイント

タレをしっかり絡めてから冷凍すると、保存中に味が染み込み、さらにおいしく。ホーロー容器で保存した際は、軽く解凍してから耐熱容器に移し、電子レンジへ。

1 ぶりはひと口大に切り、薄く小麦粉をふる。しし唐はヘタを取って、包丁の先で数カ所、穴をあける。

2 熱したフライパンにごま油を入れ、1を並べて両面焼く。

3 焼き色がついたらキッチンペーパーで余分な油をふき取り、Aを加えて煮絡める。

保存期間
冷凍 ▶ 1カ月
冷蔵 ▶ 3日

保存方法
保存容器 or
冷凍用保存袋

解凍・加熱方法
電子レンジ

Part2

プラス一品ほしいときの
副菜のつくりおき

もう一品加えたいときやお弁当に便利な副菜。
温めなくても解凍するだけで食べられるものがほとんどなので、
朝、出かける前に冷凍室から冷蔵室へ移しておけば、
夜にはそのまま食卓へ、ということも可能です。
アルミなどのおかずカップに入れて冷凍すれば、
冷凍のままお弁当に入れて持っていくこともできます。

recipe #28

筑前煮

材料（作りやすい分量）

鶏もも肉……1/2枚

にんじん……75g

レンコン……100g

干ししいたけ……2枚

サラダ油……大さじ1

A｜水……200㎖

　｜しょうゆ……大さじ2

　｜みりん……大さじ2

　｜酒……大さじ1

　｜砂糖……大さじ1

　｜顆粒和風だし……小さじ1/2

1　鶏肉は6等分に切り、にんじん、レンコンは乱切りにして水にさらす。干ししいたけは水で戻し、軸を取って4等分に切る。

2　鍋にサラダ油を入れて中火で熱し、**1**の鶏肉を炒める。肉の色が変わったら**1**の野菜をすべて入れて炒め合わせる。

3　Aを加え、沸騰したらアクを取り、アルミホイルで落しぶたをして、弱めの中火で15分ほど煮る。

冷凍＆解凍ポイント

煮汁ごと保存容器、または冷凍用保存袋に入れて。

ホーロー容器で保存した場合、軽く解凍してから耐

熱容器に移し、電子レンジで加熱しましょう。

保存期間	保存方法	解凍・加熱方法
冷凍 ▶ 1カ月 冷蔵 ▶ 5日	保存容器 or 冷凍用保存袋	電子レンジ

recipe # 29

厚焼き卵

卵……3個

A｜砂糖……大さじ1
　｜しょうゆ……小さじ1/4

サラダ油……適量

冷凍＆解凍ポイント

3〜4等分にカットしたら食べやすい量ご
とにラップで包み、冷凍用保存袋へ。お
弁当なら凍ったまま詰めてOK。ただし、
真夏など暑い日は常温解凍を避けて。

1　ボウルに卵とAを入れてよく混ぜる。

2　卵焼き用のフライパンにサラダ油を入れて中火
　で熱し、1を1/3量入れて焼き、半熟状になっ
　たら端から巻く。

3　サラダ油を入れ、残りを2回に分けて同様に繰
　り返して、形を整える。

保存期間
冷凍▶1ヵ月
冷蔵▶5日

保存方法
ラップ+
冷凍用保存袋

解凍・
加熱方法
常温 or
冷蔵室 or
電子レンジで解凍

recipe #30

炒り卵

保存期間
冷凍▶1カ月
冷蔵▶3日

保存方法
ラップ+
冷凍用保存袋

解凍・加熱方法
常温 or
冷蔵室 or
電子レンジで解凍

材料（2人分）

卵……3個

A ｜ 砂糖・酒……各大さじ1と1/2
　　塩……小さじ1/4
　　片栗粉……ひとつまみ

サラダ油……小さじ1

1 ボウルに卵とAを入れ、よく混ぜる。

2 鍋にサラダ油を広げ、1を加えて中火にかける。

3 菜ばし4本でよく混ぜながら全体に火を通す。

冷凍&解凍ポイント

食べやすい量ごとにラップで包み、冷凍用保存袋へ。お弁当など常温解凍してもおいしく食べられますが、加熱してどんぶりにアレンジも可能です。

PART 2 ｜ プラス一品ほしいときの副菜のつくりおき

69

保存期間	保存方法	解凍・加熱方法
冷凍 ▶ 1ヵ月 冷蔵 ▶ 5日	保存容器 or 冷凍用保存袋	常温 or 冷蔵室 or 電子レンジで解凍

recipe # 31

ひじきの煮物

材料（作りやすい分量）

ひじき（乾燥）……30ｇ

にんじん……1/2本

油揚げ……1/2枚

サラダ油……小さじ2

A｜水……200mℓ

　　しょうゆ……大さじ2

　　砂糖……大さじ2

　　みりん……大さじ2

　　酒……大さじ2

　　顆粒和風だし……小さじ1/3

1 ひじきは水で戻して水けを切る。にんじんと油揚げは細切りにする。

2 鍋にサラダ油を入れて熱し、**1**を加えてさっと炒め、Aを加える。

3 アルミホイルで落しぶたをして、汁けが少なくなるまで弱めの中火で10分ほど煮る。

冷凍＆解凍ポイント

煮汁ごと保存容器か冷凍用保存袋に入れて。お弁当用にするなら煮汁を切ってからおかずカップに入れ、それぞれラップで包んで冷凍用保存袋へ。

71

recipe # 32

切り干し大根の煮物

材料（作りやすい分量）

切り干し大根……20g

にんじん……1/2本

絹さや……10枚

A 水……300㎖

しょうゆ……大さじ1と1/2

酒……大さじ1と1/2

みりん……大さじ1と1/2

砂糖……大さじ1と1/2

顆粒和風だし……小さじ1

1 切り干し大根は水で戻し、水けを絞る。にんじんは短冊切りにし、絹さやは筋を取って斜め半分に切る。

2 鍋にAと1の切り干し大根、にんじんを加えて火にかける。

3 アルミホイルで落しぶたをして、水分が少なくなるまで弱めの中火で10分ほど煮る。絹さやを加えてひと煮立ちさせる。

冷凍＆解凍ポイント

煮汁ごと保存容器か冷凍用保存袋に入れて。お弁当用にするなら汁けをよく切っておかずカップに入れ、それぞれラップで包んで冷凍用保存袋へ。

保存期間
冷凍▶1カ月
冷蔵▶3日

保存方法
保存容器 or
冷凍用保存袋

解凍・加熱方法
常温 or
冷蔵室 or
電子レンジで解凍

recipe #33

小松菜と油揚げの煮びたし

材料（作りやすい分量）

小松菜……1束
油揚げ……1枚
A 水……200mℓ
しょうゆ……大さじ1
酒……大さじ1
みりん……大さじ1
砂糖……大さじ1/2
顆粒和風だし……小さじ1

1 小松菜は3㎝長さ、油揚げは1㎝幅の短冊切りにする。

2 鍋にAと1の油揚げを入れて煮立て、沸騰したら小松菜を茎、葉の順に加えて全体がしんなりするまで5分ほど煮る。

冷凍＆解凍ポイント

煮汁ごと保存容器や冷凍用保存袋に入れて保存します。水分が多いので、お弁当に入れる際は、汁けをよく切ってからおかずカップなどに詰めましょう。

recipe # **34**

レンコンのきんぴら

材料（作りやすい分量）

レンコン……200g

A｜しょうゆ……大さじ1
　｜みりん……大さじ1
　｜砂糖……小さじ1
　｜ごま油……小さじ2/3

冷凍＆解凍ポイント

食べやすい量ごとにラップで包み、冷凍
用保存袋に入れて保存。電子レンジで解
凍する際、小分けにしておけば保存袋か
ら出してラップごと解凍できるので便利。

1　レンコンは3mm厚さの半月切りにする。酢水（分量外）に3分ほどさらしてキッチンペーパーで水けをふく。

2　耐熱容器に1とAを入れて混ぜ、ふんわりとラップをかけ、電子レンジで5分加熱する。

保存期間	保存方法	解凍・加熱方法
冷凍▶1カ月 冷蔵▶5日	ラップ＋ 冷凍用保存袋	常温 or 冷蔵室 or 電子レンジで解凍

recipe # 35

ほうれん草の黒ごま和え

保存期間
冷凍 ▶ 1カ月
冷蔵 ▶ 3日

保存方法
ラップ+
冷凍用保存袋

解凍・加熱方法
常温 or
冷蔵室で解凍

材料（作りやすい分量）

ほうれん草……1束

A 黒すりごま……大さじ1と1/2
　砂糖……大さじ1/2
　しょうゆ……大さじ1/2

冷凍＆解凍ポイント

食べやすい量ごとにラップで包み、冷凍用保存袋に入れて保存。おかずカップに入れてからラップで包めば、凍ったままお弁当に詰めることも可能です。

1 ほうれん草は根元に切り込みを入れてよく洗う。

2 鍋にたっぷりの水（分量外）を入れて沸かし、塩適量（分量外）を加えたら1を茎から入れて1分ほどゆでる。

3 冷水にとって冷まし、水けを絞って2cm長さに切る。

4 ボウルにAを入れてよく混ぜ、3を加えて和える。

PART 2 ｜ プラス一品ほしいときの副菜のつくりおき

保存期間	保存方法	解凍・加熱方法
冷凍 ▶ 1カ月 冷蔵 ▶ 3日	保存容器 or 冷凍用保存袋	冷蔵室 or 電子レンジで 解凍

recipe #36

揚げなすの薬味和え

材料（作りやすい分量）

なす……2本
長ねぎ……5cm
みょうが……1/2本

A｜めんつゆ（ストレート）……50mℓ
　｜白いりごま……小さじ1
　｜にんにく（すりおろし）……少々
　｜しょうが（すりおろし）……少々

1 長ねぎとみょうがはみじん切りにし、Aと合わせてボウルに入れる。

2 なすはヘタを取って乱切りにし、180度の油（分量外）で2分ほど揚げる。

3 軽く油を切って **1** に加え、和える。

冷凍＆解凍ポイント

保存容器や冷凍用保存袋に汁ごと入れて冷凍。ホーローの容器や電子レンジ不可の保存袋の場合、電子レンジで加熱する前に軽く解凍してから耐熱の器へ。

PART2 プラス一品ほしいときの副菜のつくりおき

recipe # 37

炒め物3種

冷凍&解凍ポイント

食べやすい量ごとにラップで包み、冷凍用保存袋へ。いんげんとコーン、エリンギベーコンの2種は保存容器での冷凍も可能。しし唐は常温、冷蔵室解凍も◎。

Ⓐ

Ⓑ

Ⓒ

保存期間	保存方法	解凍・加熱方法
冷凍▶1カ月 冷蔵▶5日	ラップ+ 冷凍用保存袋	電子レンジ

Ⓐ いんげんとコーン

材料（作りやすい分量）

いんげん……100g
コーン缶（ホール）……1缶（150g）
バター……15g
塩・黒こしょう……各少々

1　いんげんはヘタを切り落として2cm長さに切る。

2　フライパンにバターを入れ中火で熱し、**1**を軽く炒める。

3　コーンを缶汁ごと加え、汁けが少なくなるまで煮たら、塩・黒こしょうで味を調える。

Ⓑ エリンギベーコン

材料（作りやすい分量）

エリンギ……100g
ベーコン……4枚
A｜バター……10g
　｜にんにく（すりおろし）……少々
　｜塩・黒こしょう……各少々

1　エリンギは長さを半分に切って縦4等分に切る。ベーコンは1cm幅に切る。

2　耐熱容器に**1**とAを入れ、ふんわりとラップをかけたら電子レンジで2分加熱する。

Ⓒ しし唐とじゃこ

材料（作りやすい分量）

しし唐……60g
ちりめんじゃこ……30g
ごま油……大さじ1
A｜水……大さじ1
　｜しょうゆ……大さじ1
　｜酒……大さじ1
　｜みりん……大さじ1
　｜砂糖……小さじ1

1　しし唐はヘタを取って斜め半分に切る。

2　フライパンにごま油を入れ中火で熱し、**1**とちりめんじゃこを炒める。

3　しし唐の色が鮮やかになったら、Aを加えて煮絡める。

ピーマンとちくわの
やみつき和え

材料（作りやすい分量）

ピーマン……3個
ちくわ……1本
A ┃ 顆粒鶏がらスープの素……小さじ2/3
　┃ ごま油……小さじ1

冷凍＆解凍ポイント

保存容器または食べやすい量ごとにラップ
で包んでから冷凍用保存袋へ。ホーロー
容器で保存した場合、軽く解凍してから
耐熱の器などに移し、電子レンジへ。

1　ピーマンはヘタとタネを取り、横5mm幅に
　　切る。ちくわは5mm幅の輪切りにする。

2　耐熱ボウルに1とAを入れてよく混ぜ、ふ
　　んわりとラップをかけたら電子レンジで2
　　分加熱する。

保存期間	保存方法	解凍・加熱方法
冷凍 ▶ 1カ月 冷蔵 ▶ 3日	保存容器 or ラップ+ 冷凍用保存袋	常温 or 冷蔵室 or 電子レンジで解凍

ピーマンのくたくた煮

recipe #39

材料（作りやすい分量）

ピーマン……3個

サラダ油……小さじ2

A｜水……100㎖

　｜めんつゆ（3倍濃縮）……大さじ2

冷凍＆解凍ポイント

保存容器または冷凍用保存袋に煮汁ごと入れて保存。煮汁といっしょに容器や袋に入れることで乾燥を防ぎ、保存している間にも味が染み込みます。

1　ピーマンはヘタとタネを取って縦4等分に切る。

2　フライパンにサラダ油を入れて中火で熱し、1を加え、しんなりするまで炒める。

3　Aを加えてふたをし、5分ほど煮る。

保存期間
冷凍▶1カ月
冷蔵▶5日

保存方法
保存容器 or
冷凍用保存袋

解凍・加熱方法
常温 or
冷蔵室 or
電子レンジで解凍

保存期間	保存方法	解凍・加熱方法
冷凍 ▶ 1カ月 冷蔵 ▶ 5日	保存容器 or 冷凍用保存袋	電子レンジ

recipe # **40**

里いもの煮物

材料（作りやすい分量）

里いも……400g

A 水……200㎖
　顆粒和風だし……小さじ1/2
　砂糖……大さじ1
　みりん……大さじ1/2
　しょうゆ……小さじ4

1 里いもは洗って上下を切り落としてから皮をむき、半分に切る。

2 鍋に1とAを入れて煮立て、沸騰したらアルミホイルで落しぶたをして弱めの中火で10分ほど煮る。

3 落しぶたを取り、煮汁が少なくなるまで煮る。

冷凍 & 解凍ポイント

保存容器または冷凍用保存袋に煮汁ごと入れて保存。

煮汁が少なければラップでおおってからふたをして。

ホーロー容器の場合、電子レンジはNGなので注意。

recipe #41

かぼちゃの煮物

材料（作りやすい分量）

かぼちゃ……300g

A｜砂糖……大さじ1
　｜しょうゆ……大さじ2/3

1 かぼちゃはタネとわたを取り、4cm角に切る。ところどころ皮をむき、面取りをする。

2 鍋に1を入れ、かぶるくらいの水（分量外）を注ぎ、Aを加えて火にかける。

3 沸騰したらアルミホイルで落しぶたをして、中火で煮汁が少なくなるまで煮る。

4 落しぶたを外し、煮汁がなくなるまで煮詰める。

冷凍&解凍ポイント

かぼちゃは汁ごと冷凍すると解凍後に食感が変化するので、キッチンペーパーで汁けをふき取ってから、食べやすい量ごとにラップで包み、冷凍用保存袋へ。

PART 2　プラス一品ほしいときの副菜のつくりおき

recipe #42

ラタトゥイユ

材料（作りやすい分量）

トマト……1個
かぼちゃ……100g
なす……1本
ズッキーニ……1/2本
パプリカ（黄）……1/2個
玉ねぎ……1/4個

A｜ オリーブオイル……大さじ2
　　塩……小さじ1/3
　　にんにく（すりおろし）
　　　……1/2片分

1 野菜はすべて2cm角に切る。

2 耐熱ボウルに1とAを入れてよく混ぜ、
　ふんわりとラップをかけ、電子レンジで
　8分加熱する。

3 取り出してひと混ぜし、ラップをかけず
　にさらに2分加熱する。

冷凍＆解凍ポイント

1食分ずつ小分けにして保存容器、または冷凍
用保存袋に入れて保存。ホーローの容器で保
存した場合、電子レンジはNGなので注意。

PART2 ｜ プラス一品ほしいときの副菜のつくりおき

保存期間	保存方法	解凍・加熱方法
冷凍 ▶ 1カ月 冷蔵 ▶ 5日	ラップ+ 冷凍用保存袋 or 冷凍用保存袋	冷蔵室 or 電子レンジで 解凍

recipe #43

マッシュポテト

材料(作りやすい分量)

じゃがいも……3個

A | バター……15g
　 | 牛乳……大さじ4
　 | 塩・こしょう……各少々

1 じゃがいもは半分に切り、5mm厚さの半月切りにする。

2 軽く水(分量外)にさらしてから耐熱容器に入れ、ふんわりとラップをかけ、電子レンジで5分加熱する。

3 熱いうちにマッシャーでつぶし、Aを加えてよく混ぜる。

冷凍&解凍ポイント

ラップで小分けにしなくても、冷凍用保存袋に入れたら菜ばしを置いて押すように線をつけておくと、凍ったままでもその部分で折って取り分け、解凍できます。

PART2 | プラス一品ほしいときの副菜のつくりおき

保存期間	保存方法	解凍・加熱方法
冷凍 ▶ 1ヵ月 冷蔵 ▶ 3日	冷凍用保存袋	冷蔵室解凍

recipe #**44**

パプリカのピクルス

材料（作りやすい分量：Sサイズ2袋分）

パプリカ（赤）……1個
パプリカ（黄）……1個

A 砂糖……大さじ2
　酢……大さじ2

1　パプリカはヘタとタネを取り、2cm幅の乱切りにする。

2　ボウルにAを入れてよく混ぜる。

3　2袋の冷凍用保存袋に **1** と **2** を半量ずつ入れて軽くもむ。

4　空気を抜いて袋を閉じ、冷凍する。

冷凍＆解凍ポイント

調理直後に食べるのではなく、マリネ液ごと冷凍用保存袋に入れて冷凍中に漬け込み、解凍時に味を染み込ませて完成させます。解凍後は3日以内に食べて。

保存期間	保存方法	解凍・加熱方法
冷凍 ▶ 1カ月 冷蔵 ▶ 3日	冷凍用保存袋	冷蔵室解凍

recipe #45

キャロットラペ

材料（作りやすい分量：Sサイズ2袋分）

にんじん……200g

A｜レモン汁……大さじ2
　｜はちみつ……大さじ1
　｜オリーブオイル……大さじ1
　｜塩……ひとつまみ

ドライパセリ……適宜

1　にんじんはせん切りにする。

2　ボウルにAを入れてよく混ぜる。

3　2袋の冷凍用保存袋に1と2を半量ずつ入れて軽くもむ。

4　空気を抜いて袋を閉じ、冷凍する。お好みでドライパセリをふる。

冷凍＆解凍ポイント

マリネ液ごと冷凍用保存袋へ。調理直後に食べるのではなく、冷凍中に漬け込み、解凍時に味を染み込ませて完成させます。解凍したら、3日以内に食べ切って。

保存期間

冷凍 ▶ 1ヵ月
冷蔵 ▶ 3日

保存方法

冷凍用保存袋

解凍・加熱方法

冷蔵室解凍

recipe # 46

紅白なます

材料（作りやすい分量：Sサイズ2袋分）

大根……250g
にんじん……50g
塩……小さじ2/3

A｜酢……大さじ3
　｜砂糖……大さじ2
　｜塩……ひとつまみ

1 大根、にんじんは繊維に沿ってせん切りにしてボウルに入れ、塩を加えてよく混ぜ、5分ほどおいて水けを絞る。

2 別のボウルにAを入れてよく混ぜる。

3 2袋の冷凍用保存袋に1と2を半量ずつ入れて軽くもむ。

4 空気を抜いて袋を閉じ、冷凍する。

冷凍＆解凍ポイント

マリネ液ごと冷凍用保存袋へ。調理直後に食べるのではなく、冷凍中に漬け込み、解凍時に味を染み込ませます。余った大根やにんじんの長期保存におすすめ。

保存期間	保存方法	解凍・加熱方法
冷凍 ▶ 1カ月 冷蔵 ▶ 3日	冷凍用保存袋	冷蔵室解凍

recipe #47

ミックスきのこのマリネ

材料（作りやすい分量：Sサイズ2袋分）

しめじ……100g

えのき……100g

しいたけ……100g

A | 酢……大さじ3
　 | 砂糖……大さじ1と1/2
　 | 塩……ひとつまみ
　 | 赤唐辛子(小口切り)……1本分

1 しめじは根元を切って小房に分け、えのきは根元を切って長さを3等分に切る。しいたけは薄切りにする。耐熱容器に入れ、ふんわりとラップをかけ、電子レンジで3分加熱する。

2 ボウルにAを入れてよく混ぜる。

3 2袋の冷凍用保存袋に2と水けを切った1を半量ずつ入れて軽くもむ。

4 空気を抜いて袋を閉じ、冷凍する。

💬 冷凍&解凍ポイント

冷凍するとうまみや栄養価がアップするきのこをマリネ液ごと冷凍用保存袋へ。

調理直後に食べるのではなく、冷凍→解凍のプロセスで味を染み込ませます。

保存期間	保存方法	解凍・加熱方法
冷凍 ▶ 1カ月 冷蔵 ▶ 3日	冷凍用保存袋	冷蔵室解凍

recipe #48

みょうがの甘酢漬け

材料（作りやすい分量：Sサイズ2袋分）

みょうが……6本

A｜酢……大さじ2
｜砂糖……大さじ1
｜塩……小さじ1/3

1 みょうがは縦半分に切る。

2 ボウルにAを入れてよく混ぜる。

3 2袋の冷凍用保存袋に **1** と **2** を半量ずつ入れて軽くもむ。

4 空気を抜いて袋を閉じ、冷凍する。

冷凍&解凍ポイント

マリネ液ごと冷凍用保存袋へ。調理直後に食べるのではなく、冷凍中に漬け込み、
解凍時に味を染み込ませます。食べる分だけ取り分けて解凍してもOK。

BREAD · RICE BALL · SOUP

Part 3

朝食やお弁当にも便利！
パン／おにぎり／汁物の
つくりおき

サンドイッチやピザトースト、おにぎり、汁物も冷凍保存は可能！
パンはそのまま冷凍保存でもいいのですが、
サンドイッチやピザトーストにしておけば、
それだけで十分、1食になるのでおすすめです。
まとめて保存しておけば、忙しい朝でも手軽に朝食やお弁当の準備ができます。
パン類やおにぎりは、お子さんの間食としても喜ばれますよ。

ツナサンド

材料（1人分）

ツナ缶……1缶（70g）

玉ねぎ……1/8個

A│ マヨネーズ……大さじ2
 │ パセリ（みじん切り）……小さじ2
 │ 塩・黒こしょう……各少々

食パン（8枚切り）……2枚

バター（室温に戻す）……適量

1 玉ねぎはみじん切りにしたら耐熱ボウルに入れ、ラップをかけずに電子レンジで40秒加熱する。冷まして、缶汁を切ったツナとAを加え混ぜる。

2 食パンにバターを塗り、1をのせてサンドし、斜め半分に切る。

冷凍＆解凍ポイント

ひと切れずつラップかアルミホイルで包んでから冷凍用保存袋へ。アルミホイルで包んだほうがパンの乾燥を防ぐことができます。解凍後は早めに食べましょう。

PART3 ｜ 朝食やお弁当にも便利！ パン／おにぎり／汁物のつくりおき

recipe #50

卵サンド

材料（1人分）

ゆで卵……2個

A｜マヨネーズ……大さじ2
　｜塩・黒こしょう……各少々

食パン（8枚切り）……2枚

バター（室温に戻す）……適量

1　ボウルにゆで卵を入れてフォークで細かくつぶし、Aを加えて混ぜる。

2　食パンにバターを塗り、**1**をのせてサンドし、半分に切る。

冷凍＆解凍ポイント

ひと切れずつラップかアルミホイルで包んでから冷凍用保存袋へ。朝、冷凍のまま持っていけば昼にはお弁当として食べごろに。半解凍で食べてもおいしいです。

PART3　朝食やお弁当にも便利！ パン／おにぎり／汁物のつくりおき

101

recipe #**51**

カツサンド

材料（1人分）

キャベツ……50g
塩……小さじ1/6
食パン（8枚切り）……2枚
バター（室温に戻す）……適量
からし……少々
とんかつ（市販品）……1枚
ソース……大さじ2

1 キャベツをせん切りにしてボウルに入れ、塩を加えてよく混ぜ、しんなりしたら水けを絞る。

2 食パンにバターとからしを塗り、**1**ととんかつをのせてソースをかける。

3 サンドして4等分に切る。

冷凍&解凍ポイント

ひと切れずつラップかアルミホイルで包み、冷凍用保存袋へ。アルミホイルのほうがパンの乾燥を防げます。お弁当用に朝、冷凍のまま持っていっても◎。

recipe #52

タラモサラダサンド

PART3 朝食やお弁当にも便利！ パン／おにぎり／汁物のつくりおき

材料（2個分）

じゃがいも……1個
たらこ（薄皮を取る）……30g
A ┃ マヨネーズ……大さじ1
　 ┃ 塩・黒こしょう……各少々

バターロール……2個
バター（室温に戻す）……適量
ドライパセリ……適量

1　じゃがいもは皮ごと洗ってラップで包み、電子レンジで3分加熱する。粗熱がとれたら皮をむき、ボウルに入れてフォークなどでつぶす。

2　1にたらこ、Aを加え、ゴムベラでしっかり練り混ぜる。

3　バターロールは真上から切り込みを入れてバターを塗り、2をサンドする。ドライパセリをふる。

冷凍&解凍ポイント

冷凍保存中の乾燥やにおい移りを防ぐためにも1個ずつラップやアルミホイルで包んでから冷凍用保存袋に入れましょう。解凍後は早めに食べること。

ハム＆チーズ／チーズ＆ジャムのサンドイッチ

recipe #53

材料（1〜2人分）

食パン（8枚切り）……4枚
バター（室温に戻す）……適量
スライスチーズ……2枚
ハム……1枚
ブルーベリージャム……小さじ2

1　食パンにバターを塗り、1組はスライスチーズ1枚とハムを挟み、もう1組はスライスチーズ1枚とジャムを挟む。

2　パンの耳を切り落として、それぞれ4等分に切る。

冷凍＆解凍ポイント

ひと切れずつラップかアルミホイルで包んでから冷凍用保存袋へ。常温で解凍できるのでお弁当用にするのもおすすめです。解凍後は早めに食べましょう。

PART3 ｜ 朝食やお弁当にも便利！ パン／おにぎり／汁物のつくりおき

107

かぼちゃクリームのサンドイッチ

recipe #54

材料（1人分）

かぼちゃ……100g

A｜バター……5g
　｜砂糖……小さじ2
　｜生クリーム……大さじ1

レーズン食パン……2枚

冷凍＆解凍ポイント

ひと切れずつラップかアルミホイルで包んでから冷凍用保存袋へ。常温解凍できるので、朝、そのままお弁当用に持っていくことも可能。解凍後は早めに食べましょう。

1　かぼちゃは皮を取って3cm角に切り、耐熱容器に並べてふんわりとラップをかけ、電子レンジで3分加熱する。

2　ボウルに1とAを入れ、ゴムベラでしっかり練り混ぜる。

3　レーズン食パンにのせてサンドし、3等分に切る。

保存期間	保存方法	解凍・加熱方法
冷凍 ▶ 1カ月	ラップ／アルミホイル+冷凍用保存袋	常温 or 冷蔵室で解凍

recipe #55

ホットケーキ

材料（3〜4枚分）

ホットケーキミックス……150ｇ
卵……1個
牛乳……100㎖

冷凍＆解凍ポイント

1〜2枚ずつラップで包んでから冷凍
用保存袋へ。加熱しすぎるとかたくな
るので、様子を見ながら解凍、加熱を。
解凍後は早めに食べましょう。

1 ボウルに卵と牛乳を入れてよく混ぜ、ホットケーキミックスを加え、軽く混ぜる。

2 フライパンを中火で熱し、**1**の1/3〜1/4量を丸く流し入れ、ふたをして両面焼く。同様に残りの生地も焼く。お好みで解凍・加熱後にバターをのせ、メープルシロップ（ともに分量外）をかける。

保存期間	保存方法	解凍・加熱方法
冷凍 ▶ 1カ月	ラップ+ 冷凍用保存袋	電子レンジ

フレンチトースト

材料（1人分）

フランスパン……10cm

A | 卵……1個
　 | 牛乳……80㎖
　 | 砂糖……大さじ1

バター……10g

1　フランスパンは4等分に切ってバットに並べる。

2　ボウルにAを入れてよく混ぜ、**1**にかける。10分漬け込み、ひっくり返してさらに10分漬ける。

3　フライパンにバターを入れて弱火で熱し、**2**を入れて両面焼く。お好みで解凍・加熱後にメープルシロップ（分量外）をかける。

冷凍＆解凍ポイント

食べやすい量ごとにラップかアルミホイルで包んでから冷凍用保存袋へ。ラップの場合、ラップごと電子レンジで解凍、加熱を。解凍後は早めに食べましょう。

PART3 ｜ 朝食やお弁当にも便利！ パン／おにぎり／汁物のつくりおき

洋風ピザトースト

 材料（1人分）

食パン（6枚切り）……1枚
ベーコン……1/2枚
ピーマン……1/2個
ケチャップ……小さじ2
コーン缶（ホール）
　　……大さじ1/2
ピザ用チーズ……20g

1 ベーコンは1cm幅に切る。ピーマンは薄い輪切りにしてタネを取る。

2 食パンにケチャップを塗り、**1**とコーン、ピザ用チーズをのせる。

冷凍＆解凍ポイント

具材をのせたら焼く前にラップかアルミホイルで包み、冷凍用保存袋へ入れて冷凍保存。食べる直前に電子レンジで半解凍してからトースターで焼きます。

保存期間	保存方法	解凍・加熱方法
冷凍 ▶ 1カ月	ラップ／アルミホイル＋冷凍用保存袋	電子レンジで半解凍＋トースター

recipe #58

和風ピザトースト

材料（1人分）

食パン（6枚切り）……1枚
マヨネーズ……小さじ2
しらす……20g
小ねぎ（小口切り）……大さじ1
ピザ用チーズ……20g
黒こしょう……適量

1 食パンにマヨネーズを塗り、しらすと小ねぎ、ピザ用チーズをのせ、黒こしょうをふる。

冷凍＆解凍ポイント

ラップかアルミホイルで包み、冷凍用保存袋へ。食べる直前に電子レンジで半解凍してからトースターで焼きます。アルミホイルは電子レンジNGなので注意。

保存期間	保存方法	解凍・加熱方法
冷凍▶1カ月	ラップ／アルミホイル＋冷凍用保存袋	電子レンジで半解凍＋トースター

おにぎり

〜混ぜるだけ〜

💬 冷凍＆解凍ポイント

温かいうちに1個ずつラップで包んでか
ら冷凍用保存袋に入れて冷凍保存する
と、ごはんがパサつきません。解凍、
加熱する際はラップごと電子レンジへ。

保存期間	保存方法	解凍・加熱方法
冷凍 ▶ 1ヵ月	ラップ+ 冷凍用保存袋	電子レンジ

Ⓐ 鮭とたくあん

材料（作りやすい分量／3～4個分）

ごはん……米1合分
鮭フレーク……大さじ4
たくあん（みじん切り）……30g
青じそ（みじん切り）……2枚分
黒いりごま……小さじ1

1 ボウルに材料をすべて入れてよく
混ぜ、おにぎりにする。

Ⓑ 塩昆布と枝豆

材料（作りやすい分量／3～4個分）

ごはん……米1合分
冷凍枝豆……50g
塩昆布……大さじ1強
白いりごま……大さじ1/2

1 冷凍枝豆は解凍してさやから外す。

2 ボウルに1と残りの材料をすべて
入れてよく混ぜ、おにぎりにする。

Ⓒ ベーコンとチーズ

材料（作りやすい分量／3～4個分）

ごはん……米1合分
ベーコン……2枚
ベビーチーズ……2個
パセリ（みじん切り）……大さじ2

1 ベーコンは1cm角に切って、フラ
イパンで軽く炒める。ベビーチー
ズは1個を12等分に切る。

2 ボウルに1と残りの材料をすべて
入れてよく混ぜ、おにぎりにする。

Ⓓ 天かすと青のり

材料（作りやすい分量／3～4個分）

ごはん……米1合分
天かす……大さじ4
青のり……大さじ1/2
めんつゆ（3倍濃縮）……大さじ2

1 ボウルに材料をすべて入れてよく
混ぜ、おにぎりにする。

Ⓐ **チーズインカレーピラフ**

材料（作りやすい分量／6〜8個分）

米……2合
鶏もも肉……1/2枚
玉ねぎ……1/4個
ミックスベジタブル……50g
カレールー……30g
バター……10g
ピザ用チーズ……30g

1 鶏肉は1cm角に切り、玉ねぎはみじん切りにする。

2 米は洗って炊飯器に入れ、2合の目盛りまで水（分量外）を注ぎ、1とミックスベジタブル、細かく刻んだカレールー、バターをのせて炊く。

3 炊き上がったらピザ用チーズを加えてよく混ぜ、おにぎりにする。

Ⓒ **ケチャップライス**

材料（作りやすい分量／6〜8個分）

米……2合
ソーセージ……5本
玉ねぎ……1/2個
コーン缶（ホール）……80g
A 顆粒コンソメ……小さじ2
　 白ワイン……大さじ1
ケチャップ……大さじ5
バター……10g

1 ソーセージは小口切り、玉ねぎはみじん切りにし、コーンは水けを切る。

2 米は洗って炊飯器に入れ、Aを加え、2合の目盛りまで水（分量外）を注ぎ、1とケチャップ、バターをのせて炊く。よく混ぜておにぎりにする。

Ⓑ **卵チャーハン風**

材料（作りやすい分量／6〜8個分）

米……2合
ハム……6枚
長ねぎ（青い部分）……1/2本
A 顆粒鶏がらスープの素……大さじ1
　 ごま油……大さじ1
　 しょうゆ……小さじ1
溶き卵……2個分

1 ハムは1cm角に切り、長ねぎはみじん切りにする。

2 米は洗って炊飯器に入れ、Aを加え、2合の目盛りまで水（分量外）を注ぎ、1をのせて炊く。

3 炊き上がったら溶き卵を加えて5分ほど保温し、よく混ぜておにぎりにする。

Ⓓ **炊き込みごはん**

材料（作りやすい分量／6〜8個分）

米……2合
鶏もも肉……1枚
油揚げ……2枚
しめじ……100g
A しょうゆ……大さじ2
　 酒・みりん……各大さじ1
　 顆粒和風だし……小さじ2/3

1 鶏肉は1cm角に切り、油揚げは1cm幅の短冊切り、しめじは根元を切ってほぐす。

2 米は洗って炊飯器に入れ、Aを加え、2合の目盛りまで水（分量外）を注ぎ、1をのせて炊く。よく混ぜておにぎりにする。

recipe #60
スープ

冷凍＆解凍ポイント

スープは冷凍すると膨張するので容器や袋の8分

目を目安に入れます。容器へのにおいや色移りが

気になる場合は、容器の内側にラップを敷いて。

ミネストローネ

材料（作りやすい分量）

ベーコン……4枚	にんにく……1片
キャベツ……2枚	トマト缶（ホール）
にんじん……1/3本	……1/2缶（200g）
玉ねぎ……1/2個	A｜水……300㎖
セロリ……1/3本	｜顆粒コンソメ
オリーブオイル	｜……大さじ1/2
……大さじ1	ドライパセリ……適量

1　ベーコンは1㎝幅に、キャベツ、にんじん、玉ねぎ、セロリは1㎝角に切る。

2　鍋にオリーブオイルとみじん切りにしたにんにくを入れて中火で熱し、1を加え炒める。

3　野菜がしんなりしたらトマトをつぶしながら加えてよく混ぜ、Aを入れる。

4　沸騰したらふたをして、弱めの中火で15分ほど煮る。食べる際にドライパセリをふる。

クラムチャウダー

材料（作りやすい分量）

キャベツ……4枚	A｜水……200㎖
にんじん……1/3本	｜顆粒コンソメ……大さじ1/2
玉ねぎ……1/4個	あさり缶（水煮）……1缶（130g）
バター……10g	牛乳……200㎖
薄力粉……小さじ2	ドライパセリ……適量

1　キャベツ、にんじん、玉ねぎは1㎝角に切る。

2　鍋にバターを入れ中火で熱し、1を加え炒める。

3　野菜がしんなりしたら薄力粉を加えてよく混ぜ、Aとあさりを缶汁ごと加え、沸騰したらふたをして、弱めの中火で5分ほど煮る。

4　牛乳を加え、とろみがつくまで混ぜながら煮る。食べる際にドライパセリをふる。

保存期間
冷凍 ▶ 1カ月
冷蔵 ▶ 3日

保存方法
保存容器or
冷凍用保存袋

解凍・加熱方法
冷蔵室解凍＋
電子レンジ

PART3

朝食やお弁当にも便利！ パン／おにぎり／汁物のつくりおき

サンラータン

材料（作りやすい分量）

鶏もも肉……1/2枚
えのき……100g
小ねぎ……1/3束
ごま油……小さじ2
豆板醤……小さじ1/2
にんにく（すりおろし）
　　……1/2片分

A｜水……600ml
　｜しょうゆ・酒
　｜　……各大さじ2
　｜顆粒鶏がらスープの素
　｜　……大さじ1
水溶き片栗粉
　……水大さじ1＋片栗粉小さじ2
溶き卵……1個分
酢……大さじ1〜2

1　鶏肉は1cm角に、えのきは根元を切って長さを4等分に切る。小ねぎは2cm長さに切る。

2　鍋にごま油と豆板醤、にんにく、1の鶏肉を入れ、中火で炒める。

3　肉の色が変わったら、Aを加えて煮立て、1のえのき、小ねぎを加えて軽く煮る。

4　水溶き片栗粉を加え、とろみが出たら溶き卵をまわし入れ、火を止める。食べる直前に酢を加える。

サムゲタン

材料（作りやすい分量）

鶏手羽中……200g
長ねぎ……1/2本
米……1/2合

A｜にんにく（半分に切る）
　｜　……2片分
　｜ごま油……小さじ2
　｜塩……小さじ1

1　鶏肉は骨に沿って半分に切る。長ねぎは斜め薄切りにする。

2　米は洗って炊飯器に入れ、3合の目盛まで水（分量外）を注ぎ、Aを加えて混ぜる。

3　1をのせ、炊飯器のおかゆモードで炊く。

コーンスープ

コーン缶（ホール）……1缶（150g）
牛乳……150mℓ
バター……10g
玉ねぎ……1/4個
顆粒コンソメ……小さじ1/3
ドライパセリ……適量

1　フライパンにバターと薄切りにした玉ねぎを入れて中火で熱し、玉ねぎがしんなりしたら、缶汁を切ったコーンを加えて軽く炒める。

2　ミキサーに**1**と牛乳を入れて、なめらかになるまで撹拌する。

3　鍋に入れて沸騰させないように温め、コンソメで味を調える。食べる際にドライパセリをふる。

ガスパチョ

トマト……400g
玉ねぎ……1/8個
セロリ……3〜4cm
食パン（6枚切り）……1/2枚
A｜オリーブオイル……大さじ2
　｜塩……小さじ1/4
　｜にんにく（みじん切り）……1/2片分
ドライパセリ……適量

1　トマト、玉ねぎ、セロリはざく切りにする。食パンは手で小さくちぎる。

2　ミキサーに**1**とAを入れ、なめらかになるまで撹拌する。食べる際にドライパセリをふる。

※電子レンジ加熱はせず、冷蔵室で解凍したら冷たいまま食べる。

recipe #61

みそ汁

保存期間	保存方法	解凍・加熱方法
冷凍 ▶ 1ヵ月 冷蔵 ▶ 3日	保存容器or 冷凍用保存袋	冷蔵室解凍 + 電子レンジ

冷凍 & 解凍ポイント

みそ汁は冷凍すると膨張するので容器の8分目を目安に入れます。耐熱性の保存容器なら容器ごと加熱可能です。

豚汁

材料 (作りやすい分量)

豚バラ薄切り肉……100g
ごぼう……50g
大根……50g
にんじん……50g
しめじ……50g

A｜だし汁……500mℓ
　｜酒……大さじ1
みそ……大さじ1

1 豚肉はひと口大に切り、ごぼうは斜め薄切り、大根とにんじんはいちょう切り、しめじは根元を切ってほぐす。

2 鍋に1とAを入れて中火にかけ、煮立ったらアクを取る。

3 ふたをして弱火で10分煮て、みそを溶き入れる。

PART3

朝食やお弁当にも便利！ パン／おにぎり／汁物のつくりおき

鶏団子と
キャベツのみそ汁

材料（作りやすい分量）

鶏ひき肉……200g

A｜溶き卵……1/2個分
　｜ねぎ（みじん切り）……1/4本分
　｜しょうが（みじん切り）……1/2片分
　｜酒・片栗粉……各大さじ1
　｜塩……小さじ1/3

キャベツ……100g
だし汁……500㎖
みそ……大さじ1

1　ボウルにひき肉とAを入れてよく混ぜ、6〜8等分に丸める。キャベツはざく切りにする。

2　鍋にだし汁を入れて中火で熱し、煮立ったら1を加えて煮る。

3　具材に火が通ったらみそを溶き入れる。

かす汁

材料（作りやすい分量）

甘塩鮭（切り身）……1切れ
大根……100g
にんじん……50g
えのき……50g
油揚げ……1/2枚
だし汁……500㎖
酒粕……50g
みそ……小さじ2

1　鮭はひと口大に切る。

2　大根とにんじんはいちょう切り、えのきは根元を切って長さを半分に切り、油揚げは1㎝幅の短冊切りにする。

3　鍋に2とだし汁を入れて中火にかけ、煮立ったらアクを取り、ふたをして弱火で5分ほど煮る。

4　ボウルに酒粕を入れ、3のだし汁を取り分けて溶かしたら鍋に戻し入れ、1も加えてひと煮する。

5　鮭に火が通ったら、みそを溶き入れる。

SAUCE・ARRANGE

Part 4

アイデア次第でレシピが増える!
ソース&アレンジレシピ

トマトソースやホワイトソースなど、ソース類は多めに作って冷凍保存が便利!
解凍したらパスタやピザ、グラタンなどにアレンジして使えます。
冷凍する際は、1回で使い切れる分ずつ小分けにするのがポイント。
一度解凍したら、再冷凍は避けましょう。
夕食のレパートリーが増えるだけでなく、
週末のランチにもぴったりのソースレシピです。

トマトソース

保存期間	保存方法	解凍・加熱方法
冷凍 ▶ 1ヵ月 冷蔵 ▶ 5日	保存容器 or 冷凍用保存袋	冷蔵室 or 電子レンジで 解凍

冷凍＆解凍ポイント

1回で使い切る量ごとに保存容器か冷凍用保存袋へ。冷蔵室か電子レンジで解凍後、

アレンジ料理を作る際に加熱して。パスタやリゾットにもおすすめです。

材料（作りやすい分量）

トマト……400g

玉ねぎ……1/4個

にんにく……1片

オリーブオイル……大さじ2

A｜ 酒……大さじ1
　｜ 塩……小さじ1/3

1 　トマトはヘタを取り、1.5cm角に切る。玉ねぎ、にんにくはみじん切りにする。

2 　フライパンにオリーブオイルと1の玉ねぎ、にんにくを入れ、弱めの中火にかけ、香りが立ったら1のトマトとAを加える。

3 　中火にして混ぜながら7〜8分、もったりとするまで煮込む。

tomato sauce ▸

ARRANGE (1) **マルゲリータ**

材料（1枚分）

ピザ生地（19cm）……1枚
トマトソース……お玉1杯分
モッツアレラチーズ……1/2個
バジルの葉……適量
オリーブオイル……適量

1 ピザ生地にトマトソースを塗り、ひと口大に切ったモッツアレラチーズを散らして、トースターでチーズが溶けるまで5分ほど焼く。

2 仕上げにバジルを散らして、オリーブオイルをまわしかける。

PART4 アイデア次第でレシピが増える！ ソース＆アレンジレシピ

125

グリルチキンのトマトソースがけ

ARRANGE ②

材料（2人分）

鶏もも肉……1枚
トマトソース……お玉1杯分
塩・こしょう……各少々
サラダ油……適量
ベビーリーフ……適量

1 鶏肉は半分に切って塩・こしょうをふる。

2 フライパンにサラダ油を入れ中火で熱し、**1**を皮目から入れて焼く。

3 焼き色がついたらひっくり返し、ふたをして5分ほど蒸し焼きにする。

4 器に盛り、電子レンジや鍋で加熱したトマトソースをかけ、ベビーリーフを添える。

ミートソース

保存期間	保存方法	解凍・加熱方法
冷凍 ▶ 1ヵ月 冷蔵 ▶ 5日	保存容器 or 冷凍用保存袋	冷蔵室 or 電子レンジで 解凍

冷凍&解凍ポイント

パスタにもごはんにも合う万能ソース。1回で使い切る量ごとに保存容器か冷凍用保存袋へ。冷蔵室か電子レンジで解凍後、アレンジ料理を作る際に加熱して。

材料（作りやすい分量）

合いびき肉……200g
玉ねぎ……1/2個
にんじん……50g
にんにく……1片
オリーブオイル……大さじ1
A｜トマト缶（カット）……1缶（400g）
　｜ケチャップ……大さじ3
　｜顆粒コンソメ……小さじ1
　｜砂糖……小さじ1
　｜塩……小さじ1/2

1 玉ねぎ、にんじん、にんにくはみじん切りにする。

2 鍋にオリーブオイルと1を入れて弱火で炒め、玉ねぎが透き通ってきたら、ひき肉を加え、ほぐすように炒める。

3 肉に火が通ったらAを加え、沸騰したら、弱めの中火にしてかき混ぜながら20分ほど煮る。

ミートソースパスタ

材料（1人分）

スパゲティ……100g
ミートソース……お玉1～2杯分
粉チーズ……適量
パセリ(みじん切り)……適量

1　スパゲティは表示通りゆで、器に盛る。

2　電子レンジや鍋で加熱したミートソースをかけ、
　粉チーズとパセリをふる。

ARRANGE ②

焼きなすのミートソースのせ

材料（1人分）

なす……1本
ミートソース
　……お玉1杯分
サラダ油……大さじ2
塩……少々
温泉卵……1個

1　なすはヘタを切り落として縦半分に切り、皮目に5mm幅の格子状の切り込みを入れる。

2　フライパンにサラダ油を入れ中火で熱し、**1**を皮目から焼く。

3　焼き色がついたらひっくり返して、塩をふり、ふたをして、しんなりするまで弱火で3分ほど蒸し焼きにする。

4　器に盛り、電子レンジや鍋で加熱したミートソースと温泉卵をのせる。

PART4　アイデア次第でレシピが増える！ ソース＆アレンジレシピ

ARRANGE ③ **タコライス**

材料（1人分）

ごはん……茶碗1杯分
レタス……1枚
ミニトマト……2個
ミートソース……お玉1杯分
シュレットチーズ（生食用）
　　……10g
チリペッパー……適宜

1　レタスは細切り、ミニトマトは縦4等分に切る。

2　器にごはんを盛り、**1**のレタス、ミートソースをのせ、チーズと**1**のトマトを飾り、お好みでチリペッパーを散らす。

ホワイトソース

保存期間	保存方法	解凍・加熱方法
冷凍 ▶ 1カ月 冷蔵 ▶ 5日	保存容器 or 冷凍用保存袋	冷蔵室 or 電子レンジで 解凍

冷凍＆解凍ポイント

1回で使い切る量ごとに保存容器か冷凍用保存袋へ。冷蔵室か電子レンジで

解凍後、アレンジ料理にする際に加熱します。シチューにもアレンジ可能です。

材料（作りやすい分量）

玉ねぎ……1/4個

バター……20g

小麦粉……大さじ4

A｜牛乳……300㎖
　｜顆粒コンソメ……小さじ1
　｜塩・こしょう……各少々

1 玉ねぎは薄切りにする。

2 フライパンにバターと**1**を入れ、弱火で炒める。

3 玉ねぎが透き通ってきたら小麦粉を全体にふり入れ、粉っぽさがなくなるまで1分ほど炒める。

4 混ぜ合わせたＡを少しずつ加えてよく混ぜ、中火にして混ぜながらとろみがつくまで煮る。

PART4　アイデア次第でレシピが増える！ ソース＆アレンジレシピ

パンでグラタン

材料（1人分）

食パン（6枚切り）……1枚
ホワイトソース……お玉1杯分
ブロッコリー……2房
ハム……1枚
コーン缶（ホール）……大さじ1
ピザ用チーズ……20ｇ

1 食パンは6等分に切る。

2 ブロッコリーは縦半分に切り分け、熱湯で1分ほどゆでる。ハムはひと口大に切る。

3 耐熱容器に **1** を入れてホワイトソースをかけ、**2** と水けを切ったコーン、チーズをのせ、トースターで表面に焼き色がつくまで5分ほど焼く。

ARRANGE ② # オムレツ

材料（1人分）

卵……2個
ホワイトソース……大さじ2〜3
塩・こしょう……各少々
バター……10g
ドライパセリ……適宜

1 ボウルに卵を割りほぐし、塩・こしょうを加えてよく混ぜる。

2 フライパンにバターを入れて中火で熱し、**1**を加え、耐熱性のあるゴムベラで素早く混ぜる。半熟になったら半分に折りたたむ。

3 器に盛り、電子レンジや鍋で加熱したホワイトソースをかけ、ドライパセリをふる。

PART4　アイデア次第でレシピが増える！ ソース＆アレンジレシピ

カレーソース

保存期間	保存方法	解凍・加熱方法
冷凍 ▶ 1ヵ月 冷蔵 ▶ 5日	保存容器 or 冷凍用保存袋	冷蔵室 or 電子レンジで 解凍

冷凍 & 解凍ポイント

1回で使い切る量ごとに保存容器か冷凍用保存袋へ。冷蔵室か電子レンジで解凍します。電子レンジで解凍、加熱してごはんにかければ簡単にキーマカレーが完成!

材料（2人分）

合いびき肉……200g
玉ねぎ……1/2個
にんじん……50g
ピーマン……1個
サラダ油……大さじ1
にんにく（すりおろし）……1片分
しょうが（すりおろし）……1片分

A｜水……200㎖
　｜カレールー（粗く刻む）……30g
　｜顆粒コンソメ……小さじ1

1 玉ねぎ、にんじん、ピーマンはみじん切りにする。

2 フライパンにサラダ油、にんにく、しょうがを入れて中火にかけ、香りが出たら**1**とひき肉を加え炒める。

3 野菜がしんなりしたらAを加え、弱めの中火で混ぜながら5分ほど煮る。

ARRANGE (1)

カレーのフレンチトースト

材料（1人分）

食パン（6枚切り）……2枚
カレーソース……大さじ3

A｜卵……1個
　｜牛乳……大さじ3
バター……10g

1 食パン1枚にカレーソースを塗り、もう1枚でサンドする。

2 バットにAを入れてよく混ぜ、1を両面浸す。

3 フライパンにバターを入れて中火で熱し、2を入れて焼き色がつくまで両面焼く。

4 半分に切って、器に盛る。

ARRANGE ② # カレーうどんグラタン

材料（1人分）

冷凍うどん……1袋
カレーソース……お玉1〜2杯分
卵……1個
ピザ用チーズ……20g
パセリ(みじん切り)……適宜

1　冷凍うどんは袋の表示通り解凍して耐熱皿に入れ、カレーソースをかける。

2　卵を割り入れてチーズをのせ、トースターで表面に焼き色がつくまで5分ほど加熱する。

3　お好みでパセリをふる。

ARRANGE ③ # カレーライスの春巻き

材料（2人分）

ごはん……小盛り茶碗1杯分
カレーソース……大さじ4
ピザ用チーズ……10g
春巻きの皮……3枚
パセリ……適宜

1 ごはんにカレーソースとチーズを混ぜる。

2 3等分にして春巻きの皮で包み、170度の油（分量外）で表面がきつね色になるまで2分ほど揚げる。

3 器に盛り、お好みでパセリを添える。

ハヤシソース

保存期間	保存方法	解凍・加熱方法
冷凍 ▶ 1カ月 冷蔵 ▶ 5日	保存容器 or 冷凍用保存袋	冷蔵室 or 電子レンジで 解凍

冷凍 & 解凍ポイント

1回で使い切る量ごとに保存容器か冷凍用保存袋へ。冷蔵室か電子レンジで解凍

後、アレンジ料理にする際に加熱します。グラタンやオムライスにもおすすめです。

材料（作りやすい分量）

牛薄切り肉……150 g

塩・こしょう……各少々

小麦粉……大さじ1

玉ねぎ……1/2個

バター……15 g

マッシュルーム缶……50 g

赤ワイン……大さじ4

A　水……大さじ6
　　ケチャップ……大さじ4
　　顆粒コンソメ……小さじ2
　　インスタントコーヒー……小さじ1/2

1　牛肉は塩・こしょうをして小麦粉をまぶす。
　玉ねぎは薄切りにする。

2　フライパンにバターを入れて中火で熱し、
　1と缶汁を切ったマッシュルームを加えて
　炒め、肉に火が通ったら、赤ワインを加え
　てアルコールが飛ぶまでしっかり炒める。

3　Aを加え、弱めの中火でとろみが出るまで
　7〜8分煮る。

ARRANGE ①

ハヤシライス

材料（1人分）

ハヤシソース……お玉1〜2杯分
ごはん……茶碗1杯分
パセリ(みじん切り)……適量

1 器にごはんを盛り、電子レンジや鍋で加熱したハヤシソースをかけ、パセリをふる。

ARRANGE ②

ハヤシチーズ豆腐

材料（1人分）

豆腐(絹)……1/2丁
ミニトマト……2個
ハヤシソース……お玉1/2杯分
ピザ用チーズ……15g
パセリ(みじん切り)……適宜

1 ミニトマトは縦4等分に切る。

2 豆腐は水けを切って耐熱皿にのせ、ハヤシソースをかけ、1とチーズをのせる。

3 ふんわりとラップをかけ、電子レンジで1分30秒加熱し、お好みでパセリをふる。

食材の冷凍保存

単品野菜

キャベツ

作り方 ざく切りや細切り、くし形に切って冷凍用保存袋に入れる。凍ったまま炒め物やスープに入れて調理できる。常温解凍して水けを絞ればおひたしに。

パプリカ

作り方 細切りや乱切りにして冷凍用保存袋に入れる。凍ったまま炒め物や煮物に入れて調理ができる。常温解凍して水けを絞ればおひたしになる。

ミニトマト

作り方 ヘタを取って、冷凍用保存袋に入れる。凍ったままマリネやスープに。また、凍ったまま水にさらせば、湯むきしなくても簡単に皮がむける。

小松菜

作り方 3〜4cm長さに切って冷凍用保存袋に入れる。凍ったまま炒め物やスープに入れて調理ができる。常温解凍して水けを絞ればおひたしになる。

野菜単品または何種類かの野菜やきのこをミックスし、カットした状態で冷凍用保存袋に入れて冷凍保存しておけば、さまざまな料理に使えて便利。それぞれ保存期間は1カ月が目安です。

にんじん

作り方 細切りやいちょう切りにして冷凍用保存袋に入れる。凍ったまま炒め物やスープに。また電子レンジで加熱すればそのままサラダなどに使える。

きゅうり

作り方 薄切りにして塩もみし、水けを絞ってから、ラップで包んで冷凍用保存袋に入れる。常温または冷蔵室で解凍して水けを絞れば、サラダや和え物にも。

ねぎ

作り方 斜め薄切りや小口切りにして冷凍用保存袋に入れる。凍ったまま炒め物やスープに入れて調理ができる。そのままトッピングにも使えるので便利。

かぼちゃ

作り方 角切りや薄切りにして冷凍用保存袋に入れる。凍ったまま煮物やてんぷら、スープに。電子レンジで加熱すればそのままサラダなどに使える。

野菜ミックス

洋風

作り方 2cmの角切りにした玉ねぎ、パプリカ（赤）、ズッキーニを合わせ、冷凍用保存袋に入れる。凍ったまま洋風の炒め物や煮物に入れて調理ができる。

炒め野菜

作り方 ざく切りにしたキャベツ、乱切りにしたピーマン、いちょう切りにしたにんじんを合わせ、冷凍用保存袋に入れる。野菜炒めや焼きそばの具材に。

きのこ

作り方 好みのきのこを3種類ほど用意し、根元を切り落としてほぐすか、食べやすく切って合わせ、冷凍用保存袋に入れる。炒め物やスープに使える。

せん切り野菜

作り方 薄切りの玉ねぎ、せん切りのにんじん、ピーマンを合わせ、冷凍用保存袋へ。凍ったまま炒め物やスープに入れて調理可能。ラーメンの具材にも。

根菜

作り方 薄いいちょう切りにした大根
とレンコン、斜め薄切りにしたごぼうを
合わせ、冷凍用保存袋に入れる。凍った
まま煮物やみそ汁に入れて調理ができる。

中華

作り方 もやし、3cm長さに切ったニラ、
薄切りにしたにんにくを合わせ、冷凍用
保存袋に入れる。炒め物やラーメンの具
材として使うのがおすすめ。

スープ

作り方 ざく切りにした白菜、斜め薄
切りにした長ねぎ、せん切りにしたしょ
うがを合わせ、冷凍用保存袋に入れる。
スープやみそ汁、鍋の具材に使える。

ピラフ

作り方 1cm角に切った玉ねぎとピー
マン、さらにコーンを合わせ、冷凍用保
存袋に入れる。凍ったままピラフやオム
レツの具材として入れて調理が可能。

島本美由紀　Miyuki Shimamoto

料理研究家・ラク家事アドバイザー。旅先で
得たさまざまな感覚を料理や家事のアイデア
に活かし、身近な食材で誰もが手軽においし
く作れる料理レシピを考案。冷蔵庫収納や食
品保存のスペシャリストとしても活動し、テ
レビ「あさイチ(NHK)」などに出演。雑誌への
レシピ提供も多く著書は80冊以上を超える。
オフィシャルサイト:
https://shimamotomiyuki.com/
公式YouTube:「島本美由紀のラク家事CH」

Staff

撮影	武井メグミ
スタイリング協力	深川あさり
デザイン	岡本佳子[Kahito Commune]
校正	東京出版サービスセンター
調理アシスタント	原 久美子
企画・編集	尾形和華[成美堂出版編集部]
編集	小山暢子

長持ち! 忙しい人のための冷凍保存のつくりおき

著　者	島本美由紀 しまもとみゆき
発行者	深見公子
発行所	成美堂出版 〒162-8445　東京都新宿区新小川町1-7 電話(03)5206-8151 FAX(03)5206-8159
印　刷	大日本印刷株式会社

©SEIBIDO SHUPPAN 2024　PRINTED IN JAPAN
ISBN978-4-415-33392-2
落丁・乱丁などの不良本はお取り替えします
定価はカバーに表示してあります